POLYGLOTT on tour

Amsterdam

Die Autorin
Christine Rettenmeier
Susanne Kilimann (Co-Autorin, Bearbeiterin)

Unser E-Book-Code zur elektronischen Erweiterung des POLYGLOTT on tour. Das kostenlose E-Book enthält die im Reiseführer aufgeführten Adressen entlang der Touren, beispielsweise zu Essen und Trinken, Shoppen, Aktivitäten und Hotel-Tipps. Links auf einen externen Kartendienst vereinfachen das Auffinden dieser Adressen.

Mit großer Faltkarte
& 80 Stickern
für die individuelle Planung

www.polyglott.de

SPECIALS

32	Kinder
36	Rad fahren
89	Bruine Cafés
95	Architektur
102	Ausgehen

ERSTKLASSIG!

37	Stadthotels mit dem gewissen Etwas
43	Mit gutem Gewissen schlemmen
96	Amsterdam gratis entdecken
101	Die schönsten Brücken
109	Die buntesten Märkte
123	Grüne Oasen

ALLGEMEINE KARTEN

4	Übersichtskarte der Kapitel
54	Die Lage Amsterdams

STADTTEIL-KARTEN

76	Zentrum und Grachtengürtel
110	Jordaan und Westerpark
116	Museumsviertel
128	Plantage-Viertel
134	Östliches Hafengebiet
140	Ausflüge

6 Typisch

8	Amsterdam ist eine Reise wert!
11	Reisebarometer
12	50 Dinge, die Sie …
19	Was steckt dahinter?
159	Meine Entdeckungen
160	Checkliste Amsterdam

20 Reiseplanung & Adressen

22	Die Stadtviertel im Überblick
27	Klima & Reisezeit
28	Anreise
29	Stadtverkehr
30	Sport & Aktivitäten
35	Unterkunft
38	Essen & Trinken
44	Shopping
48	Am Abend
151	Infos von A–Z
154	Register & Impressum

52 Land & Leute

54	Steckbrief
56	Geschichte im Überblick
58	Die Menschen
60	Natur & Umwelt
61	Kunst & Kultur
68	Feste & Veranstaltungen
158	Mini-Dolmetscher

SYMBOLE ALLGEMEIN

 Besondere Tipps der Autoren

 SPECIAL Specials zu besonderen Aktivitäten und Erlebnissen

 SEITEN BLICK Spannende Anekdoten zum Reiseziel

⚑ Top-Highlights und

★ Highlights der Destination

70 Top-Touren & Sehenswertes

72 Zentrum
74 Tour ❶ Zwischen IJ und Dam
83 Tour ❷ Südliche Innenstadt

91 Grachtengürtel
93 Tour ❸ Giebeldefilee am Wasser

105 Nordwesten
107 Tour ❹ Vom Volksviertel zur In-Adresse

113 Museumsviertel
115 Tour ❺ Grüne Oasen und Kunsttempel

124 Plantage-Viertel
126 Tour ❻ Exotik und Tradition

131 Östliches Hafengebiet
133 Tour ❼ Inselhopping futuristisch

137 Ausflüge & Extra-Touren
138 Tour ❽ Aalsmeer und Keukenhof
139 Tour ❾ Radtour ins Waterland
142 Große Kunst in Haarlem
143 An die Nordseeküste
145 Tour ❿ Amsterdam für Tagesbesucher
146 Tour ⓫ Ein Wochenende an der Amstel
148 Tour ⓬ Kultur total in Amsterdam
150 Tour ⓭ Das jüdische Amsterdam

TOUR-SYMBOLE		PREIS-SYMBOLE	
❶	Die POLYGLOTT-Touren	Hotel DZ	Restaurant HG
6	Stationen einer Tour	€ bis 120 EUR	bis 15 EUR
❶	Zwischenstopp Essen & Trinken	€€ 120 bis 200 EUR	15 bis 25 EUR
①	Hinweis auf 50 Dinge	€€€ über 200 EUR	über 25 EUR
[A1]	Die Koordinate verweist auf die Platzierung in der Faltkarte		
[a1]	Platzierung Rückseite Faltkarte		

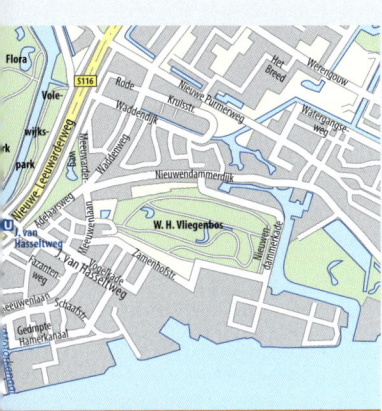

① Touren-Start

Perfekte Planung Parallel Klappe vorne links aufschlagen

Top 12 Highlights

1. Oude Kerk › S. 79
2. Amsterdam Museum › S. 83
3. Rembrandthuis › S. 88
4. Spiegelkwartier › S. 98
5. Grachtenrundfahrt › S. 98
6. Hermitage Amsterdam › S. 101
7. Jordaan › S. 107
8. Rijksmuseum › S. 118
9. Van-Gogh-Museum › S. 119
10. Albert-Cuyp-Markt › S. 122
11. Hortus Botanicus › S. 126
12. Java- & KNSM-Eiland › S. 133

Zeichenerklärung der Karten

- ☐ beschriebenes Stadtviertel (Seite=Kapitelanfang)
- **10 ⑤ ⓗ** Sehenswürdigkeiten
- **10** Zwischenstopp: Essen und Trinken
- **④** Tourenvorschlag
- Autobahn
- Schnellstraße
- Hauptstraße
- sonstige Straßen
- Fußgängerzone
- Eisenbahn
- Staatsgrenze
- Landesgrenze
- Nationalparkgrenze

5

Die Prinsengracht ist eine der drei Hauptgrachten des Amsterdamer Grachtengürtels

TYPISCH

Amsterdam ist eine Reise wert!

Grachten und Giebelhäuser, die Werke Rembrandts und Van Goghs, die Coffeeshops und das Rotlichtviertel sind weltberühmt. Neben diesen Attraktionen gibt es aber tausend andere Orte, die Amsterdam zu einem vibrierenden Gesamtkunstwerk machen.

Die Autorin des Typisch-Kapitels **Susanne Kilimann** hat in Hamburg und Florenz Germanistik und Italienisch studiert und ihr Hobby – das Reisen – zum Beruf gemacht. Als freie Journalistin lebt sie in Berlin und berichtet in Büchern, im Hörfunk und online im Weltreisejournal (www. weltreisejournal.de) aus dem In- und Ausland. Neben Amsterdam gehört ihre Liebe vor allem Italien, und mit Berlinfans geht sie auch gern als Stadtführerin auf Entdeckungstour.

Beim ersten Amsterdambesuch hatten wir so ziemlich alles falsch gemacht, was man im »Venedig des Nordens« nur falsch machen kann. Ausgerechnet zu Pfingsten reisten wir an, ohne Reservierung, ganz spontan. Die Suche nach einem Zimmer wurde – Internetsuchmaschinen gab es noch nicht – zum zeitraubenden Unterfangen. Nach Dutzenden Telefonaten fand sich ein Hotel, ein Nullachtfünfzehn-Quartier zum schwindelerregenden Festtagstarif.

Im Eifer des Gefechts hatten wir das Parkverbotsschild übersehen

Spektakuläre Architektur und Ausblicke bietet das Filminstitut EYE am Nordufer des IJ

In Amsterdam ist manches bunter, sogar das Abschleppen

übermorgen feilen. Solche Designstudios unterhalten die Autokonzerne weltweit, und auf allen Kontinenten wählen sie dafür Standorte aus, an denen die Designer den Puls der Zeit spüren und die »good vibrations«, die so wichtig für Inspiration und erfolgreiches Schaffen sind. Kein Wunder, dass die Wahl auf Amsterdam fiel.

Nach dem spannenden Arbeitstag in einem alten Fabrikgebäude vor den Toren der Stadt zeigten uns die Gastgeber »ihr« Amsterdam, führten uns an den berühmten Grachten entlang in kleine Lokale, in denen man mit Blick aufs Wasser und auf die malerischen Kaufmannshäuser am Ende des Tages die Seele baumeln lassen kann bei einem Bier und »borrelhapjes« – so nämlich nennen die Holländer den Afterwork-Imbiss mit Käsewürfeln, Mettbällchen und anderen deftigen Kleinigkeiten, den man in geselliger Runde mit Freunden oder Kollegen genießt.

und fanden den Wagen anderntags mit einer Wegfahrsperre vor. Die böse Kralle loszuwerden kostete Stunden und eine saftige Summe dazu. Die Stimmung war auf dem Nullpunkt – genervt kehrten wir Amsterdam den Rücken.

Den zweiten Anlauf, mit der niederländischen Hauptstadt auf Tuchfühlung zu gehen, habe ich ein paar Jahre später unternommen – und dabei eine Metropole kennengelernt, die weltoffen und quirlig ist, kunstsinnig und kreativ, vergangenheitsverliebt und dabei supermodern. Eine Stadt der Macher, die sich trotz aller Geschäftigkeit ein unglaublich entspanntes Lebensgefühl bewahrt.

Anlass für diese zweite Amsterdamreise war ein beruflicher Termin. Ein Automobilhersteller hatte zu einem Designworkshop in die Stadt geladen, Journalisten bekamen Gelegenheit, die Kreativen kennenzulernen, die an der Formensprache der Autos von

Für originelle Ideen gibt's an allen Ecken reichlich Platz

Nicht nur Rembrandt und van Gogh, auch Sex hat ein Museum

gracht zu überqueren und dann so richtig einzutauchen in den Jordaan. Dieses bunte Biotop, einst Arbeiterviertel, heute Szenequartier, ist mein Lieblingsviertel in Amsterdam. Hier locken malerische Straßenzüge, Fotomotive zuhauf, gemütliche Kneipen und Cafés, witzige Läden und jede Menge interessante Galerien.

Auch von der großen Kunst, den Rembrandts und Van Goghs in den berühmtesten Museen der Stadt, kann ich bis heute nicht genug bekommen. Wie wunderbar ist es, mit Muße vor den weltberühmten Gemälden zu stehen und sich in die mit Aquarell- oder Ölfarben auf die Leinwand getupften und gestrichelten Welten zu begeben. Nach einer Weile wird es dann Zeit für eine Pause im Café und für ein Stück Appeltaart – der hier so unsagbar lecker schmeckt –, am besten dort, wo man dem quirligen Treiben von alteingesessenen, Neu- und Teilzeit-Amsterdamern zuschauen kann, wo man die *vibrations* spürt, den Herzschlag dieser so aufregend und gleichzeitig beschaulichen Stadt.

Und wenn ich abends dann an den von Hausbooten gesäumten Grachten entlangspaziere, träume ich mich in so ein Bilderbuch-Wohnidyll hinein: Am Ende des Tages mit dem Liebsten auf der schwimmenden Terrasse vor all den erleuchteten Brücken zu sitzen und den vorübergleitenden Enten zuzusehen – das muss ein Stück vom Himmel auf Erden sein.

Später am Abend zeigten sie uns das hypermoderne Amsterdam, die futuristischen Wohnkomplexe im Östlichen Hafengebiet, die schicken Restaurants und innovativen Eventlocations, die in den letzten Jahrzehnten auf den künstlichen Inseln im IJ entstanden sind.

Die bunte Mischung und die aufregenden Kontraste der Grachtenstadt haben dann Lust auf mehr gemacht. Kurze Zeit später bin ich wiedergekommen und wieder und wieder und wieder – längst gehört Amsterdam zu meinen absoluten Lieblingsstädten.

Jedes Mal, wenn ich mir mit oder ohne Begleiter ein paar Tage Amsterdam gönne, zelebriere ich ein kleines Ritual: Zum Auftakt ein Bummel durch die Haarlemmerstraat in der Nähe der Centraal Station, dort in den hübschen Boutiquen und Antiquariaten stöbern, dann biege ich ein in die Binnen Oranjestraat und kann es kaum erwarten, die Brücke über die von Hausbooten gesäumte Brouwers-

Reisebarometer

Was macht Amsterdam so faszinierend? Die Stadt im Wasser, die Altes behutsam bewahrt und mutig Neues entstehen lässt, ist ein Gesamtkunstwerk aus Kreativität, Eigensinn und Toleranz, dabei geschäftig, überschaubar und weltoffen.

Beeindruckende Architektur
Von Grachtenhäusern zu hypermodernen Wohnwelten

Grüne Oasen
Rund 30 Stadtparks bieten Erholung und jede Menge Flair.

Shoppingangebot
Trendiges, Antikes, Vintage, Mainstream, Secondhand und High-End-Fashion bringen den Kontostand in Gefahr.

Kultur- und Eventangebot
Theater, Klassik, Rock, Jazz und eine vitale Galerienszene

Museen und Besichtigungen
Ein Traumziel für Kunstfreunde aller Art

Kulinarische Vielfalt
In Amsterdam trifft sich die Welt – auch kulinarisch.

Spaß und Abwechslung für Kinder
Tolle Museumsprogramme, ein Zoo und Tummelplätze an den Ufern des IJ

Ausgehen
Schon allein um den Rembrandtplein geht die Post ab.

Ausflüge vor die Tore der Stadt
Blumenparadiese, herrliche Fahrradwege, Kunst und Meer

Preis-Leistungs-Verhältnis
Richtig happig sind nur die Hotelpreise.

● = gut   ●●●●● = übertrifft alle Erwartungen

50 Dinge, die Sie ...

Hier wird entdeckt, probiert, gestaunt, Urlaubserinnerungen werden gesammelt und Fettnäpfe clever umgangen. Diese Tipps machen Lust auf mehr und lassen Sie die ganz typischen Seiten erleben. Viel Spaß dabei!

... erleben sollten

(1) Hausbootnächte Ein schwimmendes Quartier auf der Gracht › S. 35 ist ein unvergessliches Übernachtungserlebnis. Ein Prachtstück mit idyllischer Terrasse ist die »Blue Wave« – von der man eigentlich gar nicht mehr herunter möchte (Da Costakade 342 [D3], www.bluewave houseboat.com).

(2) Seeschlachten im Scheepvaartmuseum Multimedial kann man im Schifffahrtmuseum › S. 75 mit der »Vereenigten Oostindischen Compagnie« auf Reisen gehen und sogar die eine oder andere Seeschlacht nachspielen.

(3) Rotlichtviertel Am Prostitution Information Center hinter der Oude Kerk, am Enge Kerksteeg 3 [F2], starten Mi um 18.30 und Sa um 17 Uhr einstündige Touren durch De Wallen › S. 78. Eine ehemalige Prostituierte erzählt dabei unverblümt über ein Viertel, das weltweit eines der ersten war, in denen Prostituierte legal arbeiten konnten (www. pic-amsterdam.com, 15 €).

(4) Open Air im Wald Beliebtes Ausflugsziel ist der stadtnahe Wald Amsterdamse Bos (Bosbaanweg) [A6], wo im Sommer Theateraufführungen und Konzerte auf der Freilichtbühne stattfinden. Wem die Anreise mit Picknickkorb zu umständlich ist, kann eine Picknickkiste online bestellen und am Eingang in Empfang nehmen (http:// bostheater.nl, ab 30 €).

(5) Kneipentour im Jordaan In dem Szeneviertel › S. 107 wird man unweigerlich zum Nachtschwärmer, der von einer Kneipe zur anderen zieht. Schauen Sie für den Absacker bei De Twee Zwaantjes vorbei, denn wenn der Wirt zum Mikro greift und eine niederländische Schlagerschnulze anstimmt, schunkelt der ganze Laden mit (Prinsengracht 114 [D2], www.cafedetweezwaantjes.nl).

(6) Gleichgewichtsübung Schaffen Sie es, über die knallrote, rund 90 m lange und steile »Schlangenbrücke«, die Pythonbrug › S. 135 im Östlichen Hafengebiet, schwindelfrei zu spazieren? Nein? Dann heißt es: am Geländer festhalten und das großartige Panorama genießen, bevor es auf der preisgekrönten Fußgängerbrücke weitergeht.

(7) Chillen auf dem Dach Ein perfekter Ort dafür ist BovenNEMO (»über NEMO«). Auf dem Dach des

Science Center › S. 75 gibt es tagsüber Familienspaß, im Sommer legen zum Sonnenuntergang trendige DJs auf. Der Zutritt zum Dach ist ohne Museumsbesuch möglich und kostenlos.

(8) **Radfahren auf dem Wasser** Mit einem »Canal Bike« (Tretboot) durch Amsterdam zu schippern ist eine wunderbare Art, die einzigartige Atmosphäre der Grachtenstadt auf sich wirken zu lassen (tgl. 10 bis 18 Uhr, 8 € p. P./1 Std.). › S. 30

(9) **Dinner mit Livemusik** Im angesagten North Sea Jazz Club › S. 50 in der Westergasfabriek kann man immer freitags bei Livemusik dinieren und nach dem Dessert auch zu den coolen Klängen tanzen (www.northseajazzclub.com).

(10) **Stilvoll schwitzen** Nach einem langen Besichtigungstag sollten Sie der Sauna Deco › S. 31 einen Besuch abstatten und im hinreißenden Artdéco-Ambiente eine Runde schwitzen. Bei einem Drink im Loungebereich fühlt man sich anschließend wie neugeboren.

... probieren sollten

(11) **Appeltaart** Keiner kann so klasse Apfelkuchen backen wie die Niederländer. Manchmal wird er warm serviert, fast immer aber mit Schlagsahne. Zu den Appeltaart-Topadressen gehört das Café Winkel (Noordermarkt 43 [E2], Tel. 020/

Pannekoeken mit eingebackenen Äpfeln

6230223, www.winkel43.nl, tgl. ab 8, Mo und Sa ab 7, So ab 10 Uhr bis nachts geöffnet).

(12) **Hollandse Nieuwe** Frische Matjesfilets sind Kult in Holland – am besten lässt man sie sich in der Matjessaison zwischen Ende Mai und Anfang Juli auf dem Wochenmarkt schmecken, etwa auf dem Albert-Cuyp-Markt › S. 122, auf alle Fälle aber in einem Biss.

(13) **Mosselen** In Weißwein gegarte Miesmuscheln isst man in Holland gern mit Pommes frites. Köstlich zubereitet werden sie im Café de Oranjerie (Binnen Oranjestraat 15 HS [E1], www.cafeoranjerie.nl).

(14) **Pannekoeken** passen immer: morgens, mittags, abends und als Snack zwischendurch. Eine Institution für die goldgelben Eierpfannkuchen ist die Pancake Bakery. › S. 93

(15) **Fisch in allen Variationen** Seezunge, Hecht und Kabeljau ... Fisch ist aus Amsterdams Küchen nicht

Die »Badewanne« des Stedelijk Museum

dams Eetcafés, etwa das Café Sonneveld (Egelantiersgracht 72 [D2], www.cafesonneveld.nl, So–Fr ab 11, Sa ab 9 Uhr).

(19) **Hapjes** sind Tapas auf Holländisch: Käsewürfel, Leberwurstschnittchen, Mini-Frikadellen oder »bitterballen«. Stilecht gibt es den Snack in Elsa's Café (Middenweg 73 [H5], www. elsascafe.nl, Mo–Sa ab 11, So ab 13 Uhr).

(20) **Patat Oorlog** Pommes mit Mayo, Zwiebeln und … Erdnusssauce! Unbedingt mal im Vlaams Friethuis probieren (Voetboogstraat 33 [E3], So/Mo 12–19, Di–Sa ab 11, Do bis 21 Uhr)!

wegzudenken. Köstlich und ohne viel Schnickschnack kommt er im éénvistwéévis auf die Teller (Schippersgracht 6 [G3], www.eenvistwee vis.nl, Di–Sa ab 18 Uhr).

(16) **Indonesische Reistafel** Dutzende Schüsselchen mit Fisch-, Fleisch- und Gemüseherrlichkeiten kommen hier auf den Tisch, und die sind fast ebenso typisch für Amsterdams Küche wie Matjes & Muscheln. Indonesische Haute Cuisine gibt's im Blue Pepper (€€€, Nassaukade 366 [D4], www.restaurantblue pepper. com, tgl. ab 18 Uhr).

(17) **Dim Sum und Pekingente** Auch Amsterdam hat sein Chinatown › S. 78 und eine Chinaküche vom Feinsten. Das Sichuan Food wurde schon 1993 mit einem Michelin-Stern ausgezeichnet (€€, Reguliersdwarsstraat 35 [E3], www. sichuanfood.nl, tgl. ab 18 Uhr).

(18) **Erwtensoep** Auf Bodenständiges wie Erbsensuppe mit Würstchen und Speck verstehen sich Amster-

… bestaunen sollten

(21) **Amsterdams Fifth Avenue** In der P. C. Hooftstraat › S. 117 ist so ziemlich alles vertreten, was in der Designerszene Rang und Namen hat. Bei den Figaros, die ihre Salons im ersten Geschoss über den Edelboutiquen betreiben, gehen die superblonden Spielerfrauen der Ajax-Fußballstars ein und aus.

(22) **Große Pracht in der Centraal Station** Wenige Bahnhöfe in Europa können es in puncto Ästhetik mit Amsterdams Hauptbahnhof aufnehmen › S. 74. Im Bahnhof selbst lohnt ein Abstecher zu Gleis 2B: Das Grand Café 1e Klas bezaubert mit Belle-Époque-Ambiente (www.res taurant1eklas.nl, tgl. ab 8.30 Uhr).

(23) Lichtershow am Fluss Von der Fährstation an der Centraal Station bringt einen die kostenlose Fähre zum Anleger am IJplein. Von dort ist es nur ein kurzer Fußmarsch zum Restaurant Il Pecorino – der perfekte Standort für einen Sundowner! Und später hat man von der Terrasse aus die Lichter des nächtlichen Amsterdams im Blick (Noordwal 1 [G2], www.ilpecorino.nl, Di–So 12–23 Uhr).

(24) Bewegende Landschaft in Blau und Gelb Ein dramatisch blauschwarzer Himmel, darunter ein goldfarbenes Weizenfeld, das gleichsam von Krähen bedrängt wird: Vincent van Goghs letztes Gemälde »Weizenfeld mit Krähen« im Van-Gogh-Museum › S. 119 ist ein Wirbelsturm aus Farben, Kontrasten, Todes- und Auferstehungssymbolik.

(25) Wegweisende Architektur Eines der schönsten Beispiele der Amsterdamer Schule ist Het Schip › S. 112 am Spaarndammerplantsoen. Der Wohnblock ist ein expressionistisches Gesamtkunstwerk, das einem riesigen Schiffsbug aus rotem Klinkerstein ähnelt und doch überhaupt nicht schwerfällig wirkt.

(26) A'dam Lookout Seit 2016 bietet die 360-Grad-Aussichtsplattform in der Nähe des EYE Filmmuseums einen phänomenalen Rundumblick auf 100 m Höhe, und ganz Mutige schwingen in einer Schaukel »over the edge« (Overhoeksplein 5 [F1], www.adamlookout.com, tgl. 10 bis 22 Uhr, 12,50 €, Schaukel 5 €)

(27) Diamonds are forever Besucher des Diamant Museum › S. 117 kommen aus dem Staunen ob der herrlichen Stücke ohnehin nicht heraus, aber im »Glamour Room« mit seinen unzähligen, wie Diamanten geformten Spiegeln verschlägt es einem dann endgültig die Sprache.

(28) Brückenzauber Wunderbar ist es, durch das nächtliche Amsterdam mit seinen erleuchteten Brücken zu schlendern. An der Kreuzung Reguliersgracht 1/Herengracht 536, nahe des Seven Bridges › S. 37, haben Sie den Blick auf 14 von ihnen auf einmal – vorausgesetzt, Sie stehen mit dem Rücken zum Thorbeckeplein.

(29) Kunst in der Badewanne Das wichtigste niederländische Museum für moderne und zeitgenössische Kunst, das Stedelijk Museum › S. 120, ist um einen aufsehenerregenden Neubau erweitert worden. Von außen wirkt die freischwebende »Badewanne« wie abgetrennt vom alten Museumsbau, im Inneren jedoch offenbart sich ein bruchlos ineinander übergehender Ausstellungsbereich – eine großartige Symbiose!

(30) Kunststad Das Werftgelände NDSM in Amsterdam-Noord ist in ein 20 000 m² großes Kunstareal mit bunten Containern, Ateliers, Cafés und Restaurants umgewandelt worden (www.ndsm.nl) und hat sich zu einem Hotspot der Kreativwirtschaft entwickelt. Schon auf der kostenlosen NDSM-Fähre [F1], die hinter der Centraal Station ablegt, mangelt es nicht an Fotomotiven.

... mit nach Hause nehmen sollten

(31) Gewürze Von ihren Handelsreisen brachten die niederländischen Ostindienfahrer einst exotische Gewürze mit. Bei Jacob Hooy & Co lagern sie wie früher in Fässern und goldbeschrifteten Schubladen. Ein Päckchen Muskatnuss erinnert an die einstige Bedeutung des niederländischen Gewürzhandels (Kloveniersburgwal 10–12 [F3], Mo ab 13, Di–Sa ab 10 Uhr).

(32) Lollies Im Laden Papabubble kann man zuschauen, wie die bunten Lutscher selbst gemacht werden, und anschließend eine süße Shoppingrunde einlegen (Haarlemmerdijk 70 [E1], www.papabubble.nl, tgl. außer Di 11–18, Mo ab 13, So 12–17 Uhr).

(33) Tulpen aus Amsterdam nimmt man am besten in Zwiebelform mit nach Hause, z. B. vom Markt in der

Außergewöhnliches gibt es bei Moooi

Ten Katestraat [C3] in Amsterdam West (Mo–Sa 10–17 Uhr). Besonders schön: Rembrandt-Tulpen!

(34) Fahrradklingel & Co. Auf dem Lindengrachtmarkt [D2] im Jordaan (Sa 9–16 Uhr) gibt es reichlich Fahrradzubehör. Eine schmucke Klingel hält Amsterdam-Erinnerungen mit Sicherheit wach.

(35) Gouda Auf den Wochenmärkten kann man den Käse in allen Reifegraden probieren und sich das, was einem am besten schmeckt, vakuumverpacken lassen. Mein Tipp: mittelalter Ziegengouda!

(36) Delfter Blau für Coole In der Galerie Moooi › **S. 47** gibt es trendiges Interieur von namhaften Designern. Die Delft-Blue-Vasen vom Meister persönlich sind lässige Neuinterpretationen (ab 536 €).

(37) Holzschuhe In der Stadt bekommt man die »Klompen« aus industrieller Produktion. Doch etwa außerhalb von Amsterdam kann man den Holzschuhmachern beim Schnitzen und Bemalen zuschauen und sich ein schönes Paar für zuhause mitnehmen. › **S. 46**

(38) Alte Postkarten mit Stadtansichten von Amsterdam findet man mittwochs und samstags von 10 bis 16 Uhr beim Stöbern auf dem Postzegelmarkt (Nieuwezijds Voorburgwal 280) [E3].

(39) Bierjuwelen Beim Bierkoning gibt es über 1000 Sorten Gerstensaft aus aller Welt. Dass Bier wie Wein reifen kann, beweist eine Flasche Tsarina Esra Reserva der niederländischen Brauerei De Molen (Paleisstraat 125 [E3], http://bierkoning.nl, Mo–Sa 11–19, So ab 12 Uhr).

40 Feinste Zigarren Wer ein Faible für edle Zigarren hat, sollte bei Hajenius › S. 46, einer der renommiertesten Tabakhandlungen Europas, vorbeischauen. Viele Zigarren können Sie hier lose kaufen, z.B. »Mille Fleurs« (4,20 €/Stück).

Klompen sind ein Symbol der Niederlande

… bleiben lassen sollten

41 In die Fenster starren Niederländische Wohnungen haben große Fenster – und oftmals keine Gardinen. Bei einem kurzen Blick sollte man es trotz aller Neugier belassen.

42 Sonntags in die großen Museen Dann sind die Schlangen besonders lang und vor berühmten Gemälden herrscht Gedränge. Besuchen Sie die Meister lieber unter der Woche zur Mittagszeit und buchen Sie Ihr Ticket vorab online.

43 Deutschkenntnisse voraussetzen Selbst schlechtestes Englisch kommt allemal besser an, als einfach Deutsch zu sprechen. Das weckt nur alte Ressentiments.

44 Mit dem Auto in die City Das Fahren in Amsterdams Innenstadt macht schon deshalb keinen Spaß, weil das Parken so teuer ist. › S. 152

45 Sich im Restaurant an einen leeren Tisch setzen Ein No-Go! Man wartet, bis einem der Kellner einen Tisch zuweist.

46 Fahrradregeln nicht kennen Wer in Amsterdam mit dem Rad unterwegs ist, sollte sich vorher mit den Regeln vertraut machen. Und wer die Stadt zu Fuß erkundet: Radwege auf keinen Fall betreten!

47 Parkverbot missachten Wenn die Radkralle mal sitzt oder der Wagen schon abgeschleppt wurde, wird es richtig teuer. › S. 152

48 Prostituierte in den Fenstern fotografieren Hände weg von Handy oder Kamera, sonst kann es richtig unangenehm werden!

49 Getrennt zahlen Wer in Amsterdams Restaurants gemeinsam speist, zahlt auch gemeinsam.

50 Wildplassen Wer sich im Freien erleichtert und erwischt wird, zahlt ein hohes Bußgeld.

Was steckt dahinter?

Die kleinen Geheimnisse sind oftmals die spannendsten. Wir erzählen die Geschichten hinter den Kulissen und lüften für Sie den Vorhang.

Wo sind all die Poller hin?

Bei den rot-braunen Straßenpollern, die in Amsterdam die Fußwege von den Straßen trennen, ist seit einiger Zeit ein regelrechter Schwund eingetreten. Jedes Jahr verschwinden ganze 2000 der liebevoll »Amsterdammertje« (Kleiner aus Amsterdam) genannten Dinger. Diebstahl im großen Stil? Nein! Sie werden von der Stadtverwaltung entfernt, denn die »Amsterdammertjes« erfüllen ihren Zweck nicht mehr: Sie können nicht verhindern, dass Autos auf dem Fußweg geparkt werden, und Lkws rempeln sie bisweilen so unsanft an, dass sie zur wackeligen Gefahrenquelle für jedermanns Füße werden. Von den einst rund 100 000 Pollern gibt es jetzt nur noch ein paar Zehntausend.

Wann hat die Flagge ihr Orange verloren?

Wenn die niederländische Fußballnationalmannschaft ein Spiel bestreitet, tritt sie in knallorangen Trikots an, und auch die Fans auf den Rängen schwelgen in »Oranje«. Die Farbe des niederländischen Königshauses Oranien-Nassau taucht aber auf der Landesflagge nicht auf. Warum? Das wissen selbst Historiker nicht so genau. Die Fahne, mit der die Republik im 16. Jh. in den Unabhängigkeitskrieg gegen Spanien zog, zeigte Orange, Weiß und Blau. Im 17. Jh. gab es dann Flaggen mit rotem statt orangenem Streifen. Ein Grund könnte die bessere Erkennbarkeit auf See gewesen sein. 1796, unter französischer Besatzung, wurde die rot-weiß-blaue Trikolore offiziell vorgeschrieben – die Farbgleichheit der Flaggen kam den Besatzern zupass. Nach der Befreiung von den Franzosen 1813 hielten die Niederlande an der Trikolore fest – offenbar waren ihr die Veränderungen dieser Jahre umfangreich genug.

Seit wann ist Amsterdam Hauptstadt?

In den Niederlanden gibt es eine Zweiteilung: Den Haag ist Regierungssitz, Amsterdam Hauptstadt. Dieser Status wurde der Stadt nach Beendigung der französischen Besatzung in der Verfassung von 1814 zugewiesen. Als sich das niederländische Königreich dann das heutige Belgien einverleibte, wollte man die Menschen im neuen südlichen Landesteil nicht mit zu viel nördlicher Dominanz verprellen und ließ in der Verfassung von 1815 den Zusatz »Hauptstadt« weg. Trotz der ab 1830 erzwungenen Verkleinerung des niederländischen Territoriums ruhte das Hauptstadtthema und wurde erst 1983 wieder ausgepackt. Als damals die neue Verfassung in Kraft trat, fand sich – nach 168 Jahren – die »hoofdstad Amsterdam« wieder.

Eine Fußgängerbrücke führt zum futuristischen Bau des Technologiemuseums NEMO

REISE-PLANUNG & ADRESSEN

Die Stadtviertel im Überblick

Am–ster–dam: schon der Name ist ein Lockruf, klingt nach großer weiter Welt. Geschäftig und idyllisch, exotisch und gediegen zugleich. Die Stadt am IJ ist die größte Pfahlsiedlung auf dem Globus und ein internationaler Publikumsmagnet.

Ihr Herz schlägt zwischen den eleganten Fassaden der Patrizierhäuser und den lauschigen Grachten aus dem 17. Jh., doch das Geld wird im Rotlichtviertel, in den Glaspalästen am IJ und in den Gewächshäusern des Umlandes gemacht. Ihre Bevölkerung ist eine umtriebige, 840 000-köpfige, multikulturelle Mischung aus über 170 Nationalitäten mit allen Hautfarben dieser Welt. Die recht große Toleranz der Amsterdamer gegenüber fast allem Fremden hat sich über die Jahrhunderte bewährt; heute ist jeder dritte Bewohner ein Einwanderer. Folglich gibt es karibische Märkte und koschere Metzgereien, südamerikanische Folklore und russische Kulturzentren, altholländische Käsegeschäfte neben Galerien mit moderner Kunst. Eigenwillig und vor allem sich selbst treu steigen typische Amsterdamer auch in sündhaft teuren Designerklamotten aufs rostige Fahrrad oder gießen vor dem Besuch einer Vernissage in der Abendsonne die Cannabispflänzchen auf ihrem Balkon. Ihre Lässigkeit, Verträumtheit und ihr steter Wandel machen die Stadt der Individualisten für Reisende reizvoll und interessant – bei jedem Besuch aufs Neue.

Im **Zentrum** zwischen dem verschnörkelten Hauptbahnhof, der Centraal Station, und dem Munttoren am südlichen Ende des Backstein-Boulevards Rokin schlägt das touristische und kommerzielle Herz der Stadt. Hier müssen sich prächtige Fassaden, kleine Museen und versteckte Idylle anstrengen, um

Daran gedacht?

Einfach abhaken und entspannt abreisen

- [ ] Auslandsreisekrankenversicherung (siehe Infos von A–Z)
- [ ] Reisepass / Personalausweis
- [ ] Flug- / Bahntickets
- [ ] Fahrzeugpapiere / Versicherungsschein
- [ ] Parkmöglichkeit geklärt
- [ ] Babysitter für Pflanzen und Tiere organisiert
- [ ] Zeitungsabo umleiten / abbestellen
- [ ] Postvertretung organisiert
- [ ] Hauptwasserhahn abdrehen
- [ ] Fenster zumachen
- [ ] Nicht den AB besprechen: »Wir sind für zwei Wochen nicht da.«
- [ ] Kreditkarte einstecken
- [ ] Medikamente einpacken
- [ ] Ladegeräte mitnehmen

Im Jordaan wird die Prinsengracht zur dörflichen Wasserstraße

nicht von knallbunten Schaufensterdekorationen und umlagerten Straßencafés ins Abseits gedrängt zu werden. Das Dauergedränge ist noch dichter, seit die Großbaustelle rund um den Hauptbahnhof die Menschenmassen zu verwirrenden Umwegen zwingt. Deshalb ein Tipp für alle, die an der Centraal Station ankommen: Lassen Sie sich von der Menschenwoge bis zum Dam tragen, setzen Sie sich ein paar Minuten auf die Stufen des Nationaal Monument und genießen Sie den Blick auf die prächtige Front des Koninklijk Paleis im Westen. Gehen Sie dann geradeaus zur Nieuwe Kerk mit ihren spannenden Wechselausstellungen, nach links durch die enge Kalverstraat zum Amsterdam Museum und in den Begijnhof oder nach rechts zur Beurs van Berlage und ins Rotlichtviertel De Wallen, auch Walletjes genannt, rund um die Oude Kerk. Ruhig ist das Stadtzentrum nur am Montagvormittag, wenn die meisten Geschäfte geschlossen sind. Wer es mit Muße genießen will, sollte den frühen Morgen dafür einplanen.

Nirgendwo auf der Welt ist eine mittelalterliche Stadt schöner aus allen Nähten geplatzt als im **Grachtengürtel:** Um Wohnraum für die rasant wachsende Bevölkerung zu schaffen, wurden ab 1612 die noblen Straßenzüge der Heren-, Keizers- und Prinsengracht als dreifacher konzentrischer Bogen um das alte Zentrum angelegt. Die schmucken Patrizierhäuser, in denen neben Reedern und reichen Kaufleuten auch die Stadtherren Amsterdams *(Heren Regeerders)* lebten, zählen bis heute zu den begehrtesten Wohn- und Geschäftsadressen der Stadt. Einige Museen wie das Anne-Frank-Huis, das FOAM oder die Hermitage Amsterdam erlauben Einblicke in die Höfe und Gärten hinter den prachtvollen Fassaden. Flaneure und Genießer, die den Blick über die Vielfalt der Giebel schweifen lassen wollen, riskieren dabei allerdings, über ein Fahrrad, einen schiefen Pflasterstein oder einen »Amsterdammertje« zu stolpern. Diese Straßenpoller mit dem Stadtwappen trennen die Gehwege von den Fahrbahnen und sollen das zügellose Parken neben den vornehmen Wasserstraßen verhindern. Reizvoll ist es auch, dieses Quartier auf dem Wasserweg zu erkunden, etwa bei einer Grachtenrundfahrt am späten Nachmittag.

Der **Nordwesten** Amsterdams war ursprünglich ein Wohnbezirk der kleinen Leute. Zur Zeit der Stadterweiterung Anfang des 17. Jhs. siedelten sich hier viele Handwerker, Arbeiter und Matrosen an. In den 1970er-Jahren eroberten Studenten, Jungunternehmer und Künstler das Viertel. Der westlich der Prinsengracht gelegene Jordaan präsentiert sich heute als fröhlichbuntes Biotop kreativer Querköpfe: hip, schräg, voller Kitsch, Kram und Fantasie. Hier befindet sich alles in stetem Wandel; bei jedem Streifzug lassen sich neue Galerien, Szeneshops und winzige Restaurants entdecken. Der Unterschied zwischen dem Schaufenster eines Ateliers und einem mit Erinnerungsstücken zugepackten, privaten Fensterbrett ist dabei fließend. Ob Sie den versteckten Zugang zu einem der malerischen Hofjes suchen oder, einmal falsch abgebogen, zufällig die abenteuerlichsten Handtaschendesigner der Stadt entdecken – der Jordaan steckt voller Überraschungen.

Als Kontrast zu diesem engen Idyll schließt sich im Nordwesten ein städteplanerisches Highlight an: Die großen Straßenzüge rund um den Wester-

Amsterdamer Lebensgefühl

Wer hart arbeitet, soll auch fröhlich feiern. Diesen Grundsatz beherzigen die Amsterdamer so oft wie möglich. Der größte Feiertag des Jahres ist seit 2014 der Koningsdag, der zu Ehren von König Willem-Alexander an dessen Geburtstag am 27. April gefeiert wird. Viele Niederländer kleiden sich an diesem Tag in Orange, der Farbe des Königshauses. Gefeiert wird landesweit mit Paraden und Konzerten. In Amsterdam schlägt der nationale Freudentaumel am Dam, am Leidseplein und im Vondelpark die höchsten Wellen. Das Zentrum ist mit Imbissbuden, Musikbühnen und Verkaufsständen gepflastert. Die Außenbezirke sind ein einziger riesiger Flohmarkt. Das Bier fließt in Strömen, in den Grachten schwimmen Badewannen, fantastische Kähne und Tausende von Plastikbechern an den Partygängern vorbei.

Amsterdam ist das kulturelle Zentrum des Landes und zugleich sein politisches Ventil. Die Stadtbewohner sind stolz auf ihr Image als Trendsetter in jeder Lebenslage, auch wenn sie von ihren konservativeren Landsleuten deshalb gerne als hochnäsig bezeichnet werden. Die Amsterdamer sind bekannt für ihre Experimentierfreudigkeit und ihren Widerspruchsgeist: In den späten 1960er-Jahren gingen sie für die sexuelle Revolution und gegen die Staatsmacht auf die Straße, in den 1980er-Jahren formierte sich in Amsterdam die homosexuelle Szene des Landes, während sich die Krakers, die Hausbesetzer, für den sozialen Wohnungsbau stark machten. Kurzum: Ob einfallsreiche Provos oder Konsumkids, Friedensbewegte oder ökologisch-dynamische Stadtneurotiker – die Amsterdamer haben die Nase vorn, sind widerspenstig aus Prinzip, aber dabei immer voller Humor!

Sozialer Wohnungsbau der Amsterdamer Schule: Het Schip

park entstanden Ende des 19. Jhs. als Erweiterungsgebiet für die wachscnde Stadt. Ausgedehnte Industriekomplexe, Getreidesilos am Hafenbecken und Wohnblöcke für Arbeiterfamilien kennzeichnen das Viertel, dessen Struktur geprägt ist von der sozial engagierten Bauweise der Amsterdamer Schule. Ein Paradebeispiel dafür ist der Komplex Het Schip am Spaarndammerplantsoen, ein fantasievoll konstruierter Ozeanriese aus rotem Klinkerstein.

Abwechslungsreich, komplex und überwältigend gestaltet sich der Kulturgenuss im berühmten **Museumsviertel** südlich der Singelgracht, wo das Rijksmuseum, das Van-Gogh-Museum und das Stedelijk Museum für Moderne Kunst – nach langwierigen Renovierungsarbeiten in neuem Glanz – ihre weltbekannten Sammlungen präsentieren. Doch Kultur bewegt sich hier weit über den musealen Rahmen hinaus: In den Straßen irritieren die Werke der Gegenwartskünstler, die Luft füllen Klänge aus dem Concertgebouw und in den Ausstellungsräumen der Diamantenschleifereien glitzern kostbarste Juwelen. Vielfarbige, multiethnische Vitalität zeigt sich im Vondelpark und im Viertel De Pijp, wo man auf dem Albert-Cuyp-Markt lautstark um Kundschaft buhlt und Schnäppchen feilscht. Diese kleinen Welten mit ihren strapazierfähigen, kameradschaftlichen Nachbarschaften machen den Zauber von Amsterdam aus: Man kennt sich im Viertel, man streitet sich, man grüßt sich trotzdem und bemüht sich um Respekt füreinander, schließlich lebt man in derselben Straße.

Im Osten des Zentrums, wo der Grachtengürtel abrupt vor Gewächshäusern und einem Wald aus hohen Bäumen endet, liegt das schicke **Plantage-Viertel,** nach seinen beiden wichtigsten Straßen, der Hoogte und der Laagte

Kadijk, auch Kadijken genannt. Besuchermagneten sind hier der Hortus Botanicus, eine Oase der Ruhe im Großstadtgetriebe, und Natura Artis Magistra (meist in der Kurzform »Artis« genannt), der älteste Zoo auf dem europäischen Kontinent mit Aquarium, Planetarium und geologischem Museum. Einen Besuch lohnt auch das reich bestückte Tropenmuseum mit seinem vielfältigen Angebot für Kinder. Stolze Bürgerhäuser des 19. und 20. Jhs. sowie die modernen architektonischen Kunstwerke am Alexanderplein machen dieses ruhige, freundlich-gediegene Quartier für Besucher besonders reizvoll.

Nicht nur die glanzvolle Vergangenheit, sondern auch die Zukunft wohnt in Amsterdam am Wasser: Vor allem im **Östlichen Hafengebiet** entstand mit den klinkerroten Lagerhäusern des IJ-Hafens, den eigenwilligen Baukörpern auf KNSM-Eiland und dem zinkverkleideten Wohnhaus The Whale auf Sporenburg in den vergangenen Jahren ein mondäner Lebensraum für die junge städtische Elite. Mit der typischen Nonchalance der Amsterdamer haben die gut verdienenden Siedler das hypermoderne stadtplanerische Konstrukt ihren Vorstellungen angepasst: Mal durchbrechen wild wuchernde Sonnenblumen die strenge Reißbrett-Silhouette, dann konterkariert ein weiß lackierter Lattenzaun die reduzierte Eleganz einer Passage, auch Gartenzwerge samt Schneewittchen wurden schon beim Angriff auf die kühle Symmetrie der Sichtachsen beobachtet. Es macht schlichtweg Spaß, diese neue Welt des Wohnens von außen zu erkunden.

Nähere Einblicke in Bauphilosophie und architektonische Details erhält man bei einer geführten Tour durch den Archipel › **S. 133,** wie das Östliche Hafengebiet inzwischen meist genannt wird.

Neue Architektur bestimmt das Bild im Östlichen Hafengebiet

Klima & Reisezeit

Statistisch gesehen sind in Amsterdam das Frühjahr und der Herbst die trockeneren Jahreszeiten, doch sollte man immer mit kurzen Regenschauern rechnen, die von der Nordsee her über die Stadt ziehen. Darum gehört eine Regenjacke auch in den Sommermonaten ins Gepäck.

Es dauert jedoch meist nicht lang, bis der Westwind die Wolken wieder weggeblasen hat. Dieser Westwind sorgt jedoch auch dafür, dass die gefühlte Temperatur im Winter wesentlich tiefer liegt als die gemessene: Selbst wenn die hartgesottenen Amsterdamer noch bei Minusgraden ohne Handschuhe und Mütze durch die Kälte »fietsen«, brauchen Besucher doch wind- und wasserfeste Kleidung.

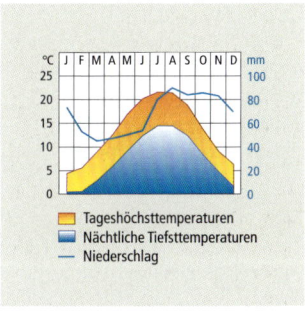

Aufgrund seiner einzigartigen Lage, seiner Architektur, seiner Geschichte, seines lebendigen Kulturlebens und seines vielfältigen Freizeitangebots übt Amsterdam eine enorme Anziehungskraft auf Touristen aus aller Welt aus: Die Stadt ist ein Besuchermagnet. Geradezu überlaufen ist sie an den folgenden Terminen, die man meiden sollte, wenn man sich in Menschenmassen nicht wohlfühlt: Das Wochenende um den Koningsdag am 27. April; Amsterdam Pride mit Canal Parade und schwulen Straßenpartys im gesamten Stadtgebiet am letzten Wochenende im Juli; der Einzug des Sinterklaas mit seinen Zwarte Pieten am dritten Wochenende im Dezember; alle Wochenenden, an denen Ajax Amsterdam oder die niederländische Fußballnationalmannschaft einen bedeutenden Sieg erringen wollen oder bereits errungen haben!

Eigentlich ist in Amsterdam das ganze Jahr über Saison. Das Gros der Touristen nimmt die Stadt zwischen April und Juli in Beschlag. Dann sind nicht nur bequeme und bezahlbare Hotelbetten rar, sondern auch freie Plätze in den Straßencafés, bei Konzerten oder im Theater. Die Schlangen vor den Museen werden dann außerordentlich lang.

Beschaulich wirkt Amsterdam im Spätherbst, nach Neujahr und im Hochsommer, wenn Schulferien sind – je nach Schultyp und Altersstufe meist von Ende Juni bzw. Mitte Juli bis Mitte oder Ende August – und Familien mit Kindern in den Urlaub fahren. Dann sind die Musentempel weniger voll; allerdings sind dann auch einige der kleineren Geschäfte und manche Restaurants geschlossen.

Anreise

Amsterdam ist für Autofahrer ein Albtraum, dennoch reisen viele Besucher mit dem eigenen Fahrzeug an, um dann stundenlang im Stau zu stehen, im Gewirr von Einbahnstraßen, Radfahrern und Straßenbahngleisen zuerst die Orientierung und dann die Nerven zu verlieren.

Daher sollte man den Wagen in der Hotelgarage oder auf einem bewachten Parkplatz stehen lassen › **S. 152**. Der Bau der neuen U-Bahn-Linie erschwert das automobile Fortkommen zusätzlich. Auskünfte über den Fortschritt der Großbaumaßnahme, die Verkehrsbehinderungen verursachen und Umwege nötig machen kann, erhält man im Informationszentrum Stationsplein 7 (Di–Fr 10–17, So 11–16 Uhr, www.amsterdamcentraal.nu/english).

Mit dem Auto

Die Fernautobahn E 35 führt über Arnhem und Utrecht direkt auf den Ring Amsterdam A 10. Die Wege zum Großparkplatz Transferium an der Amsterdam Arena sowie ins Stadtzentrum sind gut ausgeschildert. Auf niederländischen Autobahnen gilt Tempo 120, auf den Landstraßen 80, in geschlossenen Ortschaften 50 km/h.

Wer trotz des drohenden Verkehrschaos mit dem eigenen Auto anreist, sollte sich bei der Tourist Information das Faltblatt besorgen, in dem sämtliche Parkmöglichkeiten innerhalb der Stadt aufgelistet sind, und die folgende Website konsultieren: www.iamsterdam.com/de, weiter über den Link »Reisen planen«, dann über »Transport« und »Parken in Amsterdam«.

Wird ein Auto falsch geparkt, setzt die »Parkeerbeheer« eine Radkralle an. Die Kralle wieder loszuwerden kostet Zeit und mindestens 302 € › S. 152.

Per Flugzeug

Der internationale Flughafen Schiphol liegt ca. 20 km südwestlich von Amsterdam. Flughafeninfos unter Tel. 020/794 08 00 und Tel. 0900/01 41 (aus den Niederlanden 0,40 €/Min.), www.schiphol.nl. Tagsüber pendelt alle 20 Min. ein Schnellzug zwischen Schiphol und Hauptbahnhof (Centraal Station). Mindestens alle 30 Min. verkehrt der Connexxion Schiphol Hotel Shuttle zu über 100 Hotels im Zentrum (www.schipholhotelshuttle.nl). Ein Taxi in die Stadt kostet ca. 50 €.

Per Bahn

ICE-, IC- und CityNightLine-Züge fahren von Zürich und Basel u. a. über Freiburg (Breisgau), Koblenz, Bonn, Köln und Düsseldorf oder ab Berlin über Hannover nach Amsterdam. Bei manchen Verbindungen muss man in

Venlo oder auch Utrecht umsteigen. Preisgünstig bringen sog. Treintaxis Bahnfahrer von der Centraal Station zu ihrem Ziel (Tel. 0900/ 876 46 82). Vor dem Bahnhof fahren öffentliche Verkehrsmittel in alle Richtungen ab. Die bestens bewachte Gepäckaufbewahrung der Centraal Station (www.ns.nl) ist ideal für durchreisende Tagesbesucher; sie ist tgl. von 5.30–23 Uhr geöffnet. Die Schließfächer rechter Hand der Haupthalle kosten, je nach Größe, 7 bzw. 10 € pro 24 Std.

Wer Amsterdam authentisch erleben möchte, fährt mit dem Rad

Stadtverkehr

Metro, Tram und Bus

Für Metro, Trambahnen und Busse gelten im ganzen Land einheitliche Zeit- und Streifenkarten, die man an Fahrkartenschaltern, Kiosken und in den Büros der Tourist-Information kaufen kann. Der Großraum Amsterdam ist in elf Tarifzonen unterteilt. Für Touristen ist hauptsächlich die Zone Centrum von Interesse. Eine Fahrt entspricht zwei abgestempelten Streifen. Die einfache Fahrt kostet 2,90 €. Wer schwarzfährt, riskiert 40 € Bußgeld, das sofort zu entrichten ist.

Die Metrolinien führen über die Centraal Station in die Außenbezirke. 16 Trambahnlinien bringen Besucher im 10-Min.-Takt zu allen Sehenswürdigkeiten. Da lohnt sich eine Tageskarte für 7,50 € (48 Std. 12 €, 72 Std. 17 €, 7-Tage-Ticket 33 €). Auch die weißen »Opstappen«-Minibusse erschließen das Zentrum. Nach 23 Uhr sind stündlich Nachtbusse im Einsatz (Do–So alle 30 Min.). Stundentickets für Tram und Bus kauft man »an Bord«. Mehrtagestickets, die für Tram, Bus und Metro gültig sind, kann man an den Metrostationen am Automaten ziehen oder z. B. im Büro des Gemeentevervoerbedrijf (GVB), der Behörde für den öffentlichen Nahverkehr, am Hauptbahnhof kaufen (Stationsplein 15, Mo–Fr 7–21, Sa/So ab 8 Uhr; weitere Infos, Fahr- und Streckenpläne unter www.gvb.nl).

Schiffsverkehr

Selbstverständlich erschließt der öffentliche Nahverkehr die Stadt auch über ihre Wasserstraßen. Die **Fähre** über das IJ setzt vom Terminal hinter der Centraal Station regelmäßig nach Amsterdam Noord über (www.gvb.nl).

Canal Bus nennen sich Grachtenboote, die tagsüber (im Sommer 9–19, im Winter 10–18 Uhr) auf drei Strecken durch Amsterdam touren und bei denen man nach Belieben an einer der 16 Haltestellen ein- und aussteigen kann. Angeboten werden Tagestickets (21 €), 24-Std.-Tickets (24 €) und 48-Std.-Tickets (27 €), 10 % Rabatt gibt es bei Online-Buchung (www.canal.nl/de/canal-bus). Wer Amsterdams Gewässer auf eigene Faust erobern will, kann bei **Canal Bike** (Stationen am Kanal am Leidseplein [D4], an der Westerkerk [D2] und am Rijksmuseum ([D/E4], www.canal.nl/de/canal-bike) Tret- und Ruderboote leihen. **50 Dinge** (8) › S. 13.

Fast alle Reedereien an der Prins Hendrikkade [E2–F2], am Damrak [F2] und an der Stadhouderskade [E4] bieten tagsüber **Grachtenrundfahrten** sowie nächtliche Arrangements an. Die verglasten Schiffe verkehren ganzjährig im Stundentakt.

Sport & Aktivitäten

Lust auf Bewegung? Na dann, los! Kaum eine andere Großstadt animiert ihre Bewohner und Gäste so zum aktiven Mitmachen wie Amsterdam.

Mit dem Fahrrad kann man sich so sportlich wie problemlos in den städtischen Alltag integrieren, Tret- und Ruderboote erlauben die aktive Betätigung auf dem Wasser und für Inlineskater werden regelmäßig Touren angeboten. Die Amsterdamer lieben übrigens Fitnessübungen mit Spaßfaktor wie z. B. Schlittschuhlaufen oder Indoor-Skiing bzw. Snowboarding.

SEITENBLICK

Stadtspaziergänge
Eine interessante Alternative zur Erkundungstour auf eigene Faust sind die Stadtspaziergänge, die Künstler, Studenten und Pensionäre gegen ein kleines Honorar anbieten.
- Ältere Amsterdamer haben sich in einer Gilde namens **Mee in Mokum** (Tel. 020/625 13 90, www.gildeamsterdam.nl) zusammengefunden. Sie bieten zwei- bis dreistündige Spaziergänge durch das Zentrum oder den Jordaan an (bei Voranmeldung auch Führung auf Deutsch möglich).
- **Urban Home Garden Tours** veranstaltet Exkursionen in die sonst unzugänglichen Privatgärten des Grachtengürtels (Tel. 06/21 68 19 18, www.uhgt.nl, Führungen auch auf Deutsch, Englisch und Französisch).
- Moderne Architektur präsentieren fachkundige Führungen von **Architour** (Tel. 06/12 46 46 28, www.architour.nl) oder **ArchEX** (Tel. 020/422 20 44, www.archex.info), die auch auf Deutsch angeboten werden.

Vom Wasser aus hat man den besten Blick auf die Grachtenhäuser

Strandleben

Amsterdam Roest, ein Stadtstrand auf einem einstigen Industriegelände (Jacob Bontiusplaats 1 [H3], Tel. 020/308 02 83), ist mehr als ein Sandstreifen zum Chillen. Eine Halle, in der unterschiedlichste Events stattfinden, gehört ebenso dazu wie Café und Bar (Di–Fr 16–1, Sa/So ab 12 Uhr, im Sommer auch länger).

Als modernes Quartier mit jungen, hippen Bewohnern braucht die Siedlung IJburg im Östlichen Hafengebiet natürlich auch einen sommerlichen Treffpunkt zum Chillen: Man relaxt am **Strand Blijburg** (Muiderlaan 1001, IJburg Zuid, Tel. 020/416 03 30, www.blijburg.nl).

Joggen und Inlineskating

Ideale Bedingungen zum Joggen und Skaten bieten der **Vondelpark** › S. 115 und der **Amsterdamse Bos. 50 Dinge** ④ › S. 12. Jeden Freitag um 20.30 Uhr startet am Eingang des Vondelparks der **Friday Night Skate** über 20 km – außer bei Regen und Nässe (www.fridaynightskate.nl). Verleih von Skates bei Skate Dokter (Jan van Galenstraat 161 [B2], Tel. 020/260 00 55, www.skatedokter.nl).

Sauna und Wellness

Mit ihrer prachtvollen Art-déco-Ausstattung im Stil der 1920er-Jahre bietet die **Sauna Deco** auf rund 600 m² die Möglichkeit, im Herzen der Stadt auf stilvolle Weise zu entspannen. Ein Besuch in der Sauna bzw. im türkischen Hamam, eine professionelle Massage und ein leichtes Essen im Bistro bilden den perfekten Abschluss eines anstrengenden Sightseeing-Tages (Herengracht 115 [E2], Tel. 020/623 82 15, www.saunadeco.nl, Mo, Mi–Sa 12 bis 23, Di 15–23, So 13–19 Uhr, 23,50 €, Kinder unter 12 Jahren die Hälfte, Massage und Anwendungen kosten extra). **50 Dinge** ⑩ › S. 13.

31

Mit Kindern in der Stadt

Amsterdam ist eine kinderfreundliche Stadt. Ihre Fülle an Angeboten für unter 18-Jährige ist enorm. Spannende Arten der Stadterkundung sind auch für den Nachwuchs eine Grachtenrundfahrt › **S. 30** oder eine Tour mit den nostalgischen Straßenbahnen der Museumtramlijn (www.museumtramlijn.org).

Museumsbesuche

Wissenschaft, die Spaß macht, vermittelt das **NEMO** › **S. 74** durch seine überraschenden Experimente, seine Testvorrichtungen und die klaren Antworten auf sämtliche Fragen zu naturwissenschaftlichen und technischen Phänomenen, die kleine (und große) Menschen haben. Wenn der (Kinder-) Kopf schwirrt, lohnt sich ein Ausflug auf das schräge Dach des futuristischen Gebäudes: Dort liegt Amsterdams größte Sonnenterrasse mit Liegestühlen, Wasserspielen und Cocktailbar.

Im Kindermuseum des **Joods Historisch Museum** › **S. 86** beantwortet die freundliche Familie Hollander – Vater, Mutter und drei Kinder – auf Niederländisch und Englisch alle Fragen zum Alltag, den Essens- und Fastengeboten sowie den religiösen Ritualen in einem modernen jüdischen Haushalt. Besucher unter zwölf Jahren zahlen keinen Eintritt.

»Hinter jedem Exponat steckt eine Geschichte!«, sagen die Museumspädagogen im **Tropenmuseum** › **S. 128** und erzählen von den Sonnenkulten der Maya und von bunten Särgen aus Ghana. Weil Anfassen und Selbermachen spannender ist als nur Zuhören, bieten sie Mittwoch nachmittags und an Wochenenden ihr ethnografisches Wissen in bunten Happen an: spezielle Rundgänge sowie kreative Workshops für Kinder von 4 bis 13 Jahren. Die Betreuer sprechen Niederländisch, Englisch und meist auch Deutsch.

Das im ehemaligen Frachter »Hendrika Maria« untergebrachte **Woonbootmuseum** › S. 96 an der Prinsengracht gibt einen anschaulichen Eindruck davon, wie es sich auf dem Wasser lebt.

Die gesamte Königsfamilie, alle holländischen Fußballstars sowie internationale Filmprominenz kann man in **Madame Tussauds** wächsernem Panorama bestaunen. Und nicht nur das: Man darf die Superstar-Bühne betreten, mitsingen, auf dem Hightech-Tanzboden in der Music Zone tanzen und Fotos mit den ausgestellten Stars machen. Für junge Besucher ist ein Date mit Spiderman oder Captain Jack Sparrow sicher eine reizvolle Idee.

- **Madame Tussauds** [E3]
  Dam 20 | Tel. 020/522 10 10
  www.madametussauds.nl
  Tgl. 9–18 Uhr

Begegnungen mit Tieren

Während zu den 8000 Tieren im **Zoo Artis** › S. 127 zahlreiche Exoten zählen, sind auf dem **Kinderbauernhof De Bijlmerweide** im Südosten der Stadt heimische Nutztiere zuhause. Streichelzoos begeistern nicht nur die kleinen Besucher.

- **Bauernhof De Bijlmerweide**
  Provincialeweg 46A
  1103 SB Amsterdam Zuidoost
  Tel. 020/695 11 49
  www.bijlmerweide.nl
  Di–So 8.30–17 Uhr

Spaß im Freien

Für kleine Handwerker ist der **Abenteuer- und Bauspielplatz** im Rembrandtpark ein reizvolles Terrain,

während Burgenbauer auf den (künstlichen) Stränden am IJ und in der Südstadt zu Schaufel und Eimer greifen können.

- **Bouwspeelplaats ´t Landje** [A3]
  Rembrandtpark 1 | Tel. 020/618 36 04
  Juli/Aug. tgl. 10–17.30 Uhr

Theater und Literatur

Das **Jeugdtheater De Krakeling** führt in einer Turnhalle Stücke für Kinder von 2–17 Jahren auf.

Zumindest einen Blick lohnen die beiden Kinderbuchläden **De Kinderboekwinkel.**

- **Jeugdtheater De Krakeling** [D3]
  Nieuwe Passeerdersstraat 1
  http://krakeling.nl
- **De Kinderboekwinkel**
  Rozengracht 34 [D2]
  Voorburgwal 344 [E2]
  www.kinderboekwinkel.nl

Kulinarische Genüsse

Im Kinderkochlokal **Kinderkookkafé** dürfen Kinder von 5 bis 12 Jahren unter Anleitung ein Menü kochen und es anschließend mit ihren Eltern verspeisen. Die Konditorei **Taart van m'n Tante** sprengt mit ihren Kreationen die Grenzen mütterlicher Backkunst: Fußbälle aus Biskuit, Comicfiguren mit buntem Zuckerguss – **!** alles ist originell und schmeckt unwiderstehlich.

- **Kinderkookkafé** [C4]
  Vondelpark 6B
  Tel. 020/625 32 57
  www.kinderkookkafe.nl
- **Taart van m'n Tante** € [E5]
  Ferdinand Bolstraat 10/Ecke 1e Jacob van Campen Straat
  www.detaart.com | Tgl. 10–18 Uhr

Begeisterte Fans der Fußballmannschaft Ajax Amsterdam

Eislaufen und Indoor-Ski

Hält der Winter nicht, was er verspricht, können Schlittschuhläufer statt auf zugefrorenen Grachten auf der Kunsteisbahn auf dem **Museumplein › S. 118** ihre Kreise drehen. Schlittschuhe sind vor Ort ausleihbar. Die Kommentare der Passanten nach einer missglückten Pirouette sind zwar spöttisch, aber kostenlos.

Wer Kontraste liebt, verlässt Amsterdams Kern Richtung Westen und fährt in die Randgemeinde Spaarnwoude. Dort kann man sogar im Hochsommer mit Skiern oder dem Snowboard über die 230 m lange Kunstschneepiste der Skihalle **Snowplanet** wedeln (Heuvelweg 6–8, 1981 LV Velsen-Zuid, Tel. 0255/54 58 48, www.snowplanet.nl, Sept.–März tgl. 9–23, April–Aug. bis 22 Uhr, 19,95 €, Kinder bis 12 Jahre 17,95 €).

Fußball als Zuschauersport

Bei einem Heimspiel von **Ajax Amsterdam** zieht in das Fußball-stadion im Südosten der Stadt eine Menschenmasse in Rot-Weiß ein: Über 50 000 Fans finden Platz unter dem futuristischen und verschließbaren Glasdach der **ArenA,** die die niederländischen Architekten Rob Schuurman und Sjoerd Soeters entwarfen. Wenn Ajax nicht spielt, schieben die Footballer der Amsterdam Admirals ihre Gegner über den Rasen oder Popstars bringen die »meisjes« (Mädchen) zum Kreischen. In der Adventszeit findet auf dem Spielfeld der Arena ein gut besuchter Weihnachtsmarkt statt.

Rund ums Jahr können Besucher bei einstündigen Führungen (auch auf Englisch) hinter die Kulissen schauen und sich beispielsweise ansehen, wo die Ajax-Stars und ihre Gegner die letzten Minuten vor dem Anpfiff verbringen (Amsterdam ArenA, ArenA Boulevard 1, 1100 DL Amsterdam, Tel. 020/311 13 33, www.amsterdamarena.nl), Führung 14,50 €, Kinder bis 12 Jahre 9,50 €).

Unterkunft

Wer in Amsterdam ein preiswertes, zentral gelegenes Hotelzimmer möchte, muss lange im Voraus buchen oder ausdauernd recherchieren. Zwar wurde die Bettenkapazität in der Stadt kräftig erhöht, doch fast nur in den teureren Kategorien.

Da die Hotels der oberen Preisklasse außerhalb der Saison häufig nicht ausgebucht sind, bieten vor allem Hotelketten in der Nebensaison attraktive Wochenendarrangements an. Im Mittelklassehotel kostet ein Bett samt Frühstück um 90 € pro Nacht. Vielen Reisenden mit schmalem Geldbeutel bleiben nur die Jugendherbergen und die lauten, ungepflegten Budgethotels. Über Suchmaschinen im Internet findet man mit etwas Geduld attraktive Angebote zu tagesaktuellen Konditionen. Doch sind die Hotelbeschreibungen kommerzieller Vermittler oft geschönt. Zur Kontrolle empfehlen sich Bewertungsportale wie beispielsweise www.tripadvisor.de.

Bei der Zimmersuche helfen das AMSTERDAM TOURISM & CONVENTION BOARD (www.holland.com) und das OFFIZIELLE FREMDENVERKEHRSBÜRO AMSTERDAM MARKETING (www.iamsterdam.com).

Man sollte seine Buchung aber unbedingt vom entsprechenden Haus noch einmal bestätigen lassen, denn sicher ist sicher!

Nobelherbergen im Zentrum
Amstel Intercontinental €€€ [F4]
Die Grande Dame unter den Luxushotels, 1867 eröffnet; von der Terrasse genießt man einen traumhaften Blick über die Amstel.
• Professor Tulpplein 1
  Centrum
  Tel. 020/622 60 60
  http://amsterdam.intercontinental.com

Grand Hotel Amrâth €€€ [F2]
Hinter den ohnehin spektakulären Fassaden des Scheepvaarthuis warten 164 Räume mit Jugendstil-Elementen, ein Wellness-Center und ! perfekter Service auf anspruchsvolle Gäste.
• Prins Hendrikkade 108 | Centrum

Tel. 020/552 00 00
www.amrathamsterdam.com

SEITENBLICK

Hausboot auf Zeit
Sanft kann man sich von den Wellen in den Schlaf schaukeln lassen, wenn man Quartier auf einem der für Amsterdam so typischen Hausboote bezieht. **50 Dinge ① › S. 12.**

In diesen originellen Unterkünften finden in der Regel bis zu vier Personen Platz, die Mindestmietdauer beträgt meist drei Tage. Infos und Buchungen unter www.houseboat hotel.nl und http://amsterdambook now.com.

Amsterdam per Drahtesel

In der fahrradfreundlichsten Großstadt der Welt erleichtern breite, gut beschilderte Radwege die rollende Erkundung per »Fiets«. Abstellplätze bieten das Fahrrad-Parkboot sowie eine »Fietsgarage« für 10 000 Räder hinter der Centraal Station.

Ein Leihfahrrad kostet pro Tag ab 8,50 €, klassische Hollandräder sind ebenso im Sortiment wie Citybikes, Kinderräder und Sturzhelme. Beim Verleiher muss ein gültiger Pass vorgewiesen und eine Kaution in Höhe von 50 € hinterlegt werden.

Radverleih

Ein rustikales »Fiets« kann man bei folgenden Anbietern mieten:

- **Mac Bike**
  Verleihstationen am Waterlooplein 199 [F3], in der Oosterdokskade 149 [F2] und Overtoom 45 [D4].
  Tel. 020/620 09 85
  www.macbike.nl
- **Bike City** [D2]
  Bloemgracht 68–70
  Tel. 020/626 37 21
  www.bikecity.nl
- **Rent A Bike Damstraat** [E3]
  Damstraat 20–22
  Tel. 020/625 50 29
  www.rentabike.nl

Geführte Radtouren

Bei den Touren von Yellow Bike stehen mehrere Themen und Routen zur Auswahl.

- **Yellow Bike** [E2]
  Nieuwezijds Kolk 29
  Tel. 020/620 69 40
  www.yellowbike.nl

Fahrradtaxi

Man kann sich auch per Fahrradrikscha zu den diversen Sehenswürdigkeiten chauffieren lassen.

- **Wielertaxi**
  Tel. 06/282 47 55 0
  www.wielertaxi.nl
  Tgl. 9–6 Uhr

Grand Hotel Krasnapolsky €€€ [E3]
Das Hotel bietet u. a. eine Brasserie
im Stil des 19. Jhs., einen Jugendstil-
Wintergarten, berühmte Namen und
die zentralsten Luxusbetten der Stadt.
• Dam 9 | Centrum
  Tel. 020/554 91 11
  www.nh-hotels.com

Hotel de l'Europe €€€ [E3]
Der neoklassizistische Bau beherbergt
das luxuriöseste 5-Sterne-Hotel der
Stadt mit Blick auf die Amstel.
• Nieuwe Doelenstraat 2–14 | Centrum
  Tel. 020/531 17 77
  www.leurope.nl

Hotels an den Grachten
Pulitzer €€€ [D3]
Das schmucke Hotel nutzt 25 historische
Grachtenhäuser, jedes Zimmer ist indivi-
duell im altholländischen Stil eingerich-
tet; Querbalken und Treppenabsätze er-
innern an die alten Grundrisse. Eigener
Bootsanleger für Gäste.
• Prinsengracht 315–331
  Grachtengürtel | Tel. 020/523 52 35
  www.pulitzeramsterdam.com

Ambassade €€–€€€ [E3]
Über zehn Grachtenhäuser aus dem
17. Jh. erstreckt sich dieses 4-Sterne-
Hotel in zentraler und doch ruhiger
Lage. Die Zimmer sind teilweise mit
Antiquitäten eingerichtet.
• Herengracht 341 | Grachtengürtel
  Tel. 020/555 02 22
  www.ambassade-hotel.nl

Preiswerte Quartiere
Seven Bridges €€ [E4]
Kleines, sehr hübsches Hotel im Stadt-
zentrum, kein Aufzug.

• Reguliersgracht 31 | Grachtengürtel
  Tel. 020/623 13 29
  www.sevenbridgeshotel.nl

't Hotel €€ [E2]
Schnuckeliges Altstadtquartier mit acht
gepflegten Zimmern, davon zwei Fami-

❗Erst-klassig

Stadthotels mit dem gewissen Etwas
....
• Das **Grand Hotel Amrâth** ist der
  neueste Stern unter den Luxus-
  hotels. Hier herrscht gediegene
  Eleganz im Jugendstil. › S. 35
• Nostalgisches Flair prägt das
  Rembrandt mit seinen 17 unter-
  schiedlichen Zimmern, die auch
  für drei oder vier Personen ge-
  bucht werden können. › S. 126.
• Im **Lloyd Hotel** warteten einst
  die Emigranten auf ihre Schiffe,
  heute ist es ein Schmelztiegel für
  Amsterdam-Besucher. › S. 136
• Das **Qbic Hotel** € mit seinen
  Wohnwürfeln im World Trade
  Center vereint witziges Design
  und bunte Lichtspiele.
  Mathijs Vermeulenpad 1
  1077 XX Amsterdam
  Tel. 043/321 11 11
  www.qbichotels.com
• Jung, cool, sophisticated und hip:
  Lederweiches Unterstatement
  und eine Lounge in Pastellfarben
  bietet das **V Frederiksplein**
  €–€€ [F4].
  Weteringschans 136
  Tel. 020/662 32 33
  www.hotelv.nl

lienzimmer unterm Dach. Familiärer Touch; kein Aufzug.

• Leliegracht 18 | Grachtengürtel
Tel. 020/422 27 41 | www.thotel.nl

Amstel Botel €

Schlafen auf dem Wasser kann man in den Kojen im ehemaligen Kreuzfahrtschiff: 175 Ein- bis Dreibettzimmer mit Blick auf das IJ oder die NSDM-Werft.

• NDSM-Pier 3 | 1033 RG Amsterdam
Noord | Tel. 020/626 42 47
www.amstelbotel.nl

Bicycle Hotel € [E5]

Kleines Hotel im quirligen Ausgehviertel De Pijp, einfach ausgestattete Einzel-,

Doppel-, Drei- und Vierbettzimmer mit kostenlosem Internetzugang; Mieträder und Parkplätze fürs eigene Bike gibt's ebenfalls.

• Van Ostadestraat 123 | De Pijp
Tel. 020/679 34 52
www.bicyclehotel.com

Stayokay Vondelpark € [D4]

Eine der günstigsten Möglichkeiten am zentral gelegenen Vondelpark zu wohnen. Großes, modernes Hostel mit unterschiedlich großen Schlafsälen, aber auch Zweibettzimmern, alle mit eigenem Bad.

• Zandpad 5 | Museumsviertel
Tel. 020/589 89 96
www.stayokay.com

Essen & Trinken

Ihr hat Vincent van Gogh mit den »Aardappeleters« ein Denkmal gesetzt: der niederländischen Küche. Diese sättigende Hausmannskost auf Kartoffelbasis mit ihrem vielfältigen Einsatz von rohem Hering schien Feinschmeckern lange zu bäuerlich…

Doch das ist Geschichte! Amsterdam ist auch in puncto Esskultur eine Welt für sich. Erfolgreich wirbeln hier Chinesen um den Wok, peppen Indonesier ihre Reistafel mit scharfem Sambal auf, kochen Juden koscher und bringen Eritreer gestampfte Hirse auf den Tisch. Assyrische, thailändische und japanische Restaurants wetteifern mit surinamesischen Take-Aways. So viel exotisches Know-how lässt europäische Küchengrößen nicht kalt: Experimente und originelle Ideen sind ausdrücklich erwünscht, das leckere Angebot reicht vom Gourmettempel mit Weltniveau bis zur Fleischkrokette aus dem Selbstbedienungsautomaten. Wer ausdrücklich niederländische Gerichte ausprobieren möchte, sollte auf die weithin sichtbaren rot-weiß-blauen Hinweisschilder »Nederlands Dis« achten. Dahinter verbergen sich Lokale, die regionale Küche zu reellen Preisen bieten.

Die Niederländer essen früh zu Abend. In normalen Restaurants gibt es oft nur bis 22 Uhr warme Küche. Zu späterer Stunde sorgen NACHT-RESTAURANTS für alle, die noch hungrig sind.

Kosmopolitisches Ambiente in der Brasserie Harkema im Zentrum Amsterdams

Fein Dinieren im Zentrum

La Rive €€€ [F4]

In diesem Toprestaurant wird klassische französische und mediterrane Küche vom Allerfeinsten serviert.

- Hotel Amstel
  Professor Tulpplein 1 | Centrum
  Tel. 020/520 32 64
  www.restaurantlarive.nl
  Tgl. 18.30–22 Uhr

Vermeer €€€ [F2]

Exquisite Fischmenüs und perfekter Service in zeitlos-eleganter Umgebung.

- Barbizon Palace Hotel
  Prins Hendrikkade 59–72 | Centrum
  Tel. 020/556 48 85
  www.restaurantvermeer.nl
  Mo–Sa 18.30–22 Uhr

Brasserie Harkema €€ [E3]

Früher wurden in dem Gebäude Tabakwaren produziert, heute ist es ein schickes Restaurant, wie man es auch in New York, London und Kopenhagen finden könnte: durchgestyltes Ambiente, viel Business-Publikum. Aus der offenen Küche kommen appetitlich-akkurat zubereitete Klassiker wie Entrecôte mit knusprigen Fritten oder gegrillte Brasse. Zum Aperitif trifft man sich an der Bar.

- Nes 67 | Centrum
  Tel. 020 42 822 22
  www.brasserieharkema.nl
  Tgl. 12–1 Uhr, warme Küche 12–16, 17.30–23 Uhr

D'Vijff Vlieghen €€ [E3]

Freche Kombinationen aus Hausmannskost, Nouvelle Cuisine und biologisch-dynamisch erzeugten Zutaten hinter der Fassade von fünf historischen Grachtenhäusern.

- Spuistraat 294–302 | Centrum
  Tel. 020/530 40 60
  www.vijffvlieghen.nl
  Tgl. 18–22 Uhr

Haesje Claes €€ [E3]

Hier wird solide Hausmannskost zu günstigen Preisen serviert. Der Andrang ist entsprechend groß.

Vor dem Café 't Smalle lässt sich das bunte Treiben im Jordaan herrlich beobachten

- Spuistraat 273–275 | Centrum
  Tel. 020/624 99 98
  www.haesjeclaes.nl
  Tgl. 12–24, warme Küche bis 22 Uhr

Fischrestaurants
Lucius €€ [E3]
Von Anchovis bis Zander seit mehr als
35 Jahren die richtige Adresse für kalori-
enbewusste Genießer. Je bodenständiger
das Rezept, desto besser. Gemütliche,
authentische Einrichtung.
- Spuistraat 247 | Centrum
  Tel. 020/624 18 31
  www.lucius.nl | Tgl. 17–24 Uhr

Sluizer €€ [F4]
Delikatessen aus allen Weltmeeren
kommen in diesem großen, gepflegten
Restaurant aufs Feinste zubereitet auf
den Tisch.
- Utrechtsestraat 41–45
  Grachtengürtel | Tel. 020/622 63 76
  www.sluizer.nl | Tgl. 17–23 Uhr

Asiatische Küche
Bojo €€ [D–E4]
Asienklassiker mit gutem Ruf nahe des
Leidseplein; in bunt-rustikalem Ambiente
gibt es hier eine würzig-exotische
Auswahl an »Rijstafel«-Kombinationen
und Snacks.
- Lange Leidsedwarsstraat 49–51
  Grachtengürtel
  Tel. 020/622 74 34 | www.bojo.nl
  Tgl. 16–24 Uhr

Taste of Culture €€ [D4]
Erstklassiger Chinese mit leckeren Dim
Sum und feiner Pekingente.
- Korte Leidsedwarsstraat 139–141
  Grachtengürtel | Tel. 020/427 11 36
  www.tasteofculture.net
  So–Do 17–1, Fr/Sa bis 3 Uhr

Günstig, gediegen, zentral
Café Karpershoek € [E2]
Gut besuchte Hafenkneipe seit 1629.
Der Fußboden ist mit Sand bedeckt.
- Martelaarsgracht 2 | Centrum
  Tel. 020/624 78 86
  www.cafekarpershoek.nl
  Tgl. 9–1 Uhr

Carel's 3 € [E3]
Gemütliche Studentenkneipe mit
pfiffiger Auswahl an Gerichten in
angenehm großen Portionen.

• Voetboogstraat 6–8 | Centrum
Tel. 020/622 20 80
www.carels3.nl
Mo–Sa 11–24, So 12–22.30 Uhr

Rob Wigboldus Vishandel € [E2]
Winziges Lokal mit wunderbaren, preis-
werten »heringsbroodjes«.
• Zoutsteeg 6 (Verlängerung der
Gravenstraat) | Centrum
Tel. 020/626 33 88 | Tgl. 9–16 Uhr

Preiswert und gut im Jordaan
Café Chris € [D2]
Seit 1624 existiert die urige Schank-
stube, in der die Bauarbeiter vom nahen
Westertoren ihren Lohn ausbezahlt be-
kamen und ihn gleich wieder ausgaben.
• Bloemstraat 42 | Jordaan
Tel. 020/624 59 42 | www.cafechris.nl
Mo–Do 15–1, Fr/Sa bis 2, So bis
21 Uhr

Café 't Smalle € [D2]
Traditionelle Stammkneipe im Jordaan;
besonders gemütlich sitzt man auf der

Galerie über der Gaststube. Belegte
»stokbroodjes« und deftige Suppen.
• Egelantiersgracht 12
Jordaan
www.t-smalle.nl
Tgl. 10–1, Fr/Sa bis 2 Uhr

Toscanini €€ [D2–E2]
Gute italienische Küche, aber oft lange
Wartezeiten auf einen Sitzplatz.
• Lindengracht 75
Jordaan
Tel. 020/623 28 13
www.restauranttoscanini.nl
Mo–Sa 18–22.30 Uhr

Genuss im Museumsviertel
Le Garage €€€ [D5]
Im Reich von Chef Joop Braakhekke
werden keine Automobile, sondern
erschöpfte Stadtmenschen mit etwas
Glanz und Glamour umsorgt: an Werk-
tagen mittags mit einem Powerlunch
und jeden Abend mit internationalen
Menükreationen auf Basis der französischen Küche.

SEITENBLICK

Gastro-Brevier
Um folgenreichen Verwechslungen vorzubeugen, ist es sinnvoll, sich den
Unterschied zwischen Coffeeshop und Koffiehuis gut einzuprägen.
• **Eetcafé** – einfaches, preiswertes Speiselokal, oft chinesische Basisküche mit
exotischen Extras.
• **Koffiehuis** – Café mit Angebot an kalten und warmen Getränken,
hausgemachtem Kuchen und Snacks.
• **Coffeeshop** – Kneipe, in der vor allem Marihuana, Haschischkekse und Kiffer-
zubehör für den Eigenbedarf und an Einheimische verkauft werden.
• **Grand Café** – Amsterdamer Pendant zum Wiener Caféhaus: ein stilvolles Stück
Nostalgie mit gepflegter Speisekarte. Inzwischen wieder in Mode.
• **Proeflokale** – Probierstuben, in denen man früher gratis alkoholische Kostpro-
ben erhielt, bevor man eine Flasche Jenever oder eine spezielle Biersorte kaufte.
Heute ist nur noch der Eintritt umsonst.

Das Café Americain in der Leidsekade besticht mit seinem Art-Nouveau-Interieur

- Ruysdaelstraat 54–56
  Museumsviertel
  Tel. 020/679 71 76
  www.restaurantlegarage.nl
  Mo–Fr 12–23, Lunch von 12–14 Uhr
  (außer Mitte Juli–Mitte/Ende Aug.),
  Sa/So 18–23 Uhr

District 5 €€ [E5]

Im angesagten Viertel De Pijp verwöhnt
das gemütliche Restaurant mit Terrasse
seine Gäste mit französisch und italienisch inspirierter Küche. Der nahe Albert-
Cuyp-Markt garantiert frische Zutaten
auf der täglich wechselnden Karte.
- Van der Helstplein 17 | De Pijp
  Tel. 020/770 08 84
  www.district5.nl
  Tgl. 17.30–22.30 Uhr

Eetcafe Loetje €–€€ [D5]

Südlich des Rijksmuseums serviert die-
ses meist überfüllte Lokal fabelhafte
Steaks und hausgemachte Pommes.
- Johannes Vermeerstraat 52
  Museumsviertel
  Tel. 020/662 81 73
  www.amsterdam.loetje.com
  Tgl. 10–22.30 Uhr

Grand Cafés

Café de Jaren €€ [E3]

Grand Café und Brasserie mit tollem
Blick auf die Amstel.
- Nieuwe Doelenstraat 20–22
  Centrum
  Tel. 020/625 57 71
  www.cafedejaren.nl
  So–Do 9.30–1, Fr/Sa bis 2 Uhr

Café Dulác € [E2]

Orientalisch-plüschig und zu jeder
Tages- und Nachtzeit gut besucht.
• Haarlemmerstraat 118 | Nordwesten
Tel. 020/624 42 65
www.restaurantdulac.nl
Tgl. 7.30–1, Fr/Sa bis 3 Uhr

Grand Café l'Opera €€ [E3]

Pariser Flair mit Art déco und großzügi-
ger Innen- und Außenterrasse.
• Rembrandtplein 27–29
Grachtengürtel | Tel. 020/620 47 54
www.l-opera.nl
So–Do 9–1, Fr/Sa bis 2 Uhr

Café Americain €–€€ [D4]

Seit 1902 eine Institution im Eden Hotel
mit Art-Nouveau-Innenausstattung und
großer Terrasse.
• Leidsekade 97 | Grachtengürtel
Tel. 020/556 30 00
www.cafeamericain.nl
Tgl. 9–23 Uhr

Café Luxembourg €–€€ [E3]

In diesem eher teuren Grand Café
genießen Nachtschwärmer die große
Weinauswahl.
• Spui 24 | Centrum
Tel. 020/620 62 64
www.luxembourg.nl
So–Do 9–24, Fr/Sa bis 1 Uhr

Pompadour € [E3]

Café-Chocolaterie voller unwiderstehli-
cher süßer Kaloriensünden. In der
Kerkstraat 148 im Grachtengürtel gibt
es außerdem einen Lunchroom.
• Huidenstraat 12 | Grachtengürtel
Tel. 020/623 95 54
www.patisseriepompadour.com
Mo–Fr 10–18, Sa ab 9, So ab 12 Uhr

**! Erst-
klassig**

Mit gutem Gewissen schlemmen

• **Fifteen Amsterdam** heißt das
Restaurant, wo unter der Ägide
von Fernsehkoch Jamie Oliver
Jugendliche mit krummen Le-
bensläufen tätig sind. › S. 133
• Die poppig bunten Torten von
Taart van m'n Tante sind köst-
liche Beispiele gelungener Sozial-
arbeit: Hier arbeiten Lehrlinge
aus Problemfamilien. › S. 33
• Im **De Kas** €€€ [H5], dem Res-
taurant von Sternekoch Gert-Jan
Hageman, werden die exquisiten
Menüs in einem Gewächshaus
oder im Kräutergarten serviert.
Kamerlingh Onneslaan 3
Tel. 020/462 45 62
www.restaurantdekas.nl
Mo–Fr 12–14, 18.30–22,
Sa 18.30–22 Uhr
• Im **Merkelbach** €€ [H5], in
einer Villa im Frankendael-Park
gelegen, hat man sich der Slow-
Food-Küche verpflichtet: vom
Frühstück bis zum Dinner.
Middenweg 72
Tel. 020/665 08 80
www.restaurantmerkelbach.nl
Di–Sa 8.30–23, So bis 18 Uhr
• Im Mini-Bistro **Gartine** €–€€
[E3] trifft man sich zum Slow-
Food-Frühstück bzw. -Lunch oder
auch zum High Tea. Vieles kommt
aus dem Bio-Garten der Besitzer.
Taksteeg 7 | Tel. 320 41 32
www.gartine.nl
Mi–Sa 10–18 Uhr

Shopping

Das meiste Geld in kürzester Zeit lässt sich niveauvoll in den Luxusläden und Boutiquen der Pieter Corneliszoon Hooftstraat zwischen Stadhouderskade und Vondelpark ausgeben.

Sonderangebote und modische It-Pieces werden in der immer bevölkerten Kalverstraat verkauft. Viele Geschäfte dort sind Filialen weltweit operierender Ladenketten. Auch sonntags sind die meisten von ihnen geöffnet, montags jedoch geschlossen. Neue Sterne am Shoppinghimmel über Amsterdam sind die hippen Läden auf dem KNSM-Eiland sowie die »Negen Straatjes« (neun Sträßchen) im westlichen Grachtengürtel, wo derzeit die frechsten und angesagtesten Geschäfte zu finden sind.

Für Schnäppchenjäger lohnen sich Abstecher in den Jordaan, in das Viertel De Pijp hinter der alten Heineken-Brauerei oder in das Gassengewirr des Bethanienviertels im Westen der Altstadt. Abseits der Shoppingmeilen führen Geschäftsleute mit Idealismus und Fantasie ihre »Winkels«, schmucke Lädchen mit einer unglaublichen Fülle unterschiedlichster Waren auf kleinster, oft sorgsam und innovativ dekorierter Fläche.

Kaufhäuser im Zentrum

Bijenkorf [E3]
Das renommierte Kaufhaus glänzt mit einfallsreichen Schaufensterdekorationen und frecher Mode von der Stange.
• Dam 1 | Centrum
  www.debijenkorf.nl
  So/Mo 11–20, Di/Mi 10–20, Do/Fr 10 bis 21, Sa 9.30–20 Uhr

Kalvertoren [E3]
Ein teils hinter alten Fassaden verborgenes neueres Einkaufszentrum mit 45 Geschäften und Lokalen.
• Kalverstraat 212–220 | Centrum
  www.kalvertoren.nl
  Mo 11–18.30, Di–Sa 10–18.30, Do bis 21, So 12–18.30 Uhr

Magna Plaza [E2]
Hinter der neogotischen Fassade der einstigen Hauptpost haben sich neben Ketten wie Mango, Replay und Elite Fashion exklusive Boutiquen, schicke Bistros und Spezialläden für Mode, Schallplatten u. v. m. eingerichtet.
• Nieuwezijds Voorburgwal 182
  Centrum
  www.magnaplaza.nl
  Mo 11–19, Di–Sa 10–19, Do bis 21, So 12–19 Uhr

X Bank [E3]
Auf 700 m² Fläche können sich Freunde des Extravaganten durch ein exklusives Sortiment arbeiten: Mode, Design und Kunst aller Produktgruppen und Preisklassen. Auch die Location besticht: Die Shoppingmall befindet sich im Gebäude der früheren Käse-Börse.
• Spuistraat 172 | Centrum
  http://xbank.amsterdam
  Mo–Mi 10–20, Do–Sa bis 21, So 12–20 Uhr

Edles im Spiegelkwartier

Zwischen dem Rijksmuseum und einer der feinsten Innenstadtadressen, der Herengracht, lohnt sich das Stöbern nach Antiquitäten und Kunstwerken aus aller Welt. Das Angebot ist exquisit, wird edel präsentiert und hat daher auch seinen (angemessenen) Preis.

Amsterdam Antiques Gallery [E4]
Zusammenschluss von zehn Fachhändlern mit großem Sortiment; Zufallstreffer liegen im Bereich des Möglichen.
• Nieuwe Spiegelstraat 34
  Grachtengürtel

Chagall-Galerie Wuyt [E4]
Rund 1000 Arbeiten des russischen Künstlers sind im kleinen Ausstellungsraum dieser Galerie zu bewundern.
• Spiegelgracht 32 | Grachtengürtel
  Tel. 020/624 38 92 | www.chagall.nl

Michel Thieme Tribal Art [E4]
Experte für traditionelle und moderne Kunst Afrikas und Asiens.
• Weteringstraat 45 | Grachtengürtel
  Tel. 020/330 53 35
  www.michelthieme.com

Peter Donkersloot Galerie [E4]
Pop Art und schräge Ölporträts in schweren Rahmen füllen diese eigenwillige Gemäldefundgrube.
• Spiegelgracht 14–16 | Grachtengürtel
  www.peterdonkerslootgalerie.nl
  Di–So 12–18 Uhr

Walls Gallery [E4]
Mit ihren extravaganten Ausstellungen zählt diese Galerie zu den Impulsgebern der Amsterdamer Kunstszene.

Das Einkaufszentrum Magna Plaza ist der Inbegriff stilvollen Shoppens

• Prinsengracht 737 | Grachtengürtel
  www.walls.nl
  Do–So 12–18 Uhr

Schickes und Originelles

Brillenwinkel [E3]
Extravagante und schräge Sehhilfen aus über 100 Jahren für Individualisten; mit integriertem Brillenmuseum.
• Gasthuismolensteeg 7
  Grachtengürtel
  www.brilmuseumamsterdam.nl
  Mi–Fr 11.30–17.30, Sa bis 17 Uhr

Cinemashop Silver Screen [E1]
Filmplakate, Videos und die gesamte Palette des Kassenschlager-Merchandising à la Hollywood.
• Haarlemmerdijk 94 | Grachtengürtel
  www.silverscreendvd.nl
  Di–Fr 12–18, Sa 11–17.30 Uhr

Droog Design [E3–F3]
Im Pilot Store des innovativen Design-Kollektivs, das Möbel, Lampen und Accessoires entwickelt, wird neben Klassikern die neueste Kollektion gezeigt.
- Staalstraat 7b | Centrum
  www.droog.com | Tgl. 9–19 Uhr

Gassan Diamonds [F3]
Tgl. 9–17 Uhr Führung durch die Diamantenschleiferei des global agierenden Erfolgsunternehmens.
- Nieuwe Uilenburgerstraat 173–175
  Centrum | Tel. 020/622 53 33
  www.gassandiamonds.com

Hajenius [E3]
Bereits seit 1826 der siebte Himmel für Zigarren- und andere Raucher. **50 Dinge** ④ › S. 17.
- Rokin 96 | Centrum
  www.hajenius.com
  Mo 12–18, Di–Sa 9.30–18,
  So 12–17 Uhr

Jan Jansen [E3]
Schuhe oder Kunst? Jan Jansen verkauft Kunst in Form von Schuhen. Die Werke werden weltweit in Museen präsentiert.
- Rokin 42 | Centrum
  www.janjansen.com
  So/Mo 12–18, Di–Sa 10–18,
  Do bis 21 Uhr

Klompenmakerij
Wie Holzschuhe per Hand geschnitzt und bemalt werden, kann man vor den Toren der Stadt im Zaanse Schans Clog Workshop erleben. **50 Dinge** ㉚ › S. 16.
  Kraaienest 4 | 1509 AZ Zaandam
  Tel. 075/617 71 21
  www.woodenshoes.nl
  März–Okt. 8–18, Nov.–Feb. 9–17 Uhr

Nukuhiva [E2]
Boutique für Fair-Trade-Mode, Schickes und Legeres aus Bio-Baumwoll.
- Harlemmerstraat 36 | Centrum
  www.nukuhiva.nl
  Mo 12–19, Di–Fr 10.30–19, Sa 10–18,
  So 12–18 Uhr

Raak [E5]
Ausgefallene Designer-Taschen, topaktuelle Accessoires und edle Damenbekleidung auf drei fantasievoll dekorierten Etagen.
- 1ste van der Helststraat 46 | De Pijp
  www.raakamsterdam.nl
  Mo–Sa 10–18 Uhr

Negen Straatjes
Im westlichen Grachtengürtel haben sich neun Gassen zwischen Raadhuisstraat und Leidsegracht zu einem neuen Szeneviertel zusammengeschlossen. Wechselnde Themengeschäfte und originelle Inneneinrichtungen machen den Bummel durch die »Neun Sträßchen« zu mehr als einem Einkaufserlebnis. Vorher lohnt sich ein Blick auf die Webseite www.theninestreets.com.

Van Ravenstein [E3]
Niederländische und belgische Top-Labels – z. B. Dries Van Noten, Ann Demeulemeester, Maison Martin Margiela.
- Keizersgracht 359
  Grachtengürtel
  www.van-ravenstein.nl
  Mo 13–18, Di–Fr 11–18,
  Sa 10.30–17.30 Uhr

meCHICas [E3]
Handgearbeitete Bijouterie, mexikanischer Schmuck und Accessoires.

Mitten in den Negen Straatjes liegt De Kaaskamer mit beeindruckender Käseauswahl

• Gasthuismolensteeg 11
Grachtengürtel | www.mechicas.com
So/Mo 13–18, Di–Fr 12–18, Do bis 20,
Sa 11–18 Uhr

De Kaaskamer [D3]
440 Sorten Käse aus ganz Europa.
• Runstraat 7 | Grachtengürtel
www.kaaskamer.nl
Mo 12–18, Di–Fr 9–18, Sa 9–17,
So 12–17 Uhr

Kunst und Design
Anno [D2–E2]
Die aktuell interessanteste Fundgrube
für Vintage-Design aus den 1980ern.
• Westerstraat 35 + 49 | Jordaan
www.annodesign.nl
Mo 10–18, Mi–Fr ab 11, Sa 10–17 Uhr

Jan [F4]
Bei Jan gibt's schöne, witzige und kit-
schige Accessoires – Taschen, Gürtel,
Schmuck und Deko für die Wohnung.
Dutch Design vom Feinsten.
• Utrechtsestraat 74 | Grachtengürtel
So/Mo 13–18, Di–Fr 11–18.30,
Sa 11–18 Uhr

Moooi [D2]
Im Lande des Verpackungskünstlers
Marcel Wanders finden Designfreaks
jede Menge nützliche und weniger nützliche Objekte für ein stylishes Zuhause.
50 Dinge (36) › S. 16.
• Westerstraat 187 | Jordaan
www.moooi.com
Di–Sa 10–18 Uhr

sprmrkt [D3]
Neue Outfit-Ideen und schräge Mode.
Ein Muss für Fashion-Victims.
• Rozengracht 191–193
Jordaan
www.sprmrkt.nl
Mo 12–18, Di–Sa 10–18, Do/Fr bis 19,
So 13–18 Uhr

Bücher, Postkarten, Comics
Athenaeum Boekhandel [E3]
Großes Sortiment an internationaler,
aktueller wissenschaftlicher Literatur,
dazu alle wichtigen in- und ausländischen Zeitungen.
• Spui 14–16
Centrum
www.athenaeum.nl

Buchhandel: Mo 11–18, Di–Sa ab
9.30, Do bis 21, Fr bis 18.30, So 12
bis 17.30 Uhr; Zeitschriften: Mo–Sa
8–20, Do bis 21, So 10–18 Uhr

Lambiek [F3]
Seit 1968 gibt es hier Tausende von
Comics und Cartoons aus aller Welt.
• Koningsstraat 27 | Centrum

www.lambiek.net
Mo–Fr 11–18, Sa bis 17, So 13–17 Uhr

Xantippe Women's Bookshop [D3]
Alles, was die emanzipierte, feministi-
sche oder lesbische Frau lesen will.
• Prinsengracht 290 | Grachtengürtel
www.xantippe.nl
Di–Sa 10–18, So 12–17 Uhr

Am Abend

Gepflegt in ein klassisches Konzert? Oder heiße Salsa nach Mitternacht?
Ein gemütlicher Plausch in einer Kneipe? Kino? Theater? Oder auch eine
Candlelight-Bootsfahrt durch die abendlich beleuchteten Grachten?

Wenn es dunkel wird in Amsterdam, fällt die Wahl oft schwer. Zuverlässig
erfährt man im Magazin »Uitkrant«, dem monatlichen Veranstaltungskalender, was wann und wo in der Stadt los ist. Nicht weniger als 40 Konzerte und Theatervorstellungen könnte man pro Abend besuchen. Oder über
1000 Cafés und Bars. Oder drei Dutzend Diskos … wobei keiner am wach-
samen Türsteher der momentan angesagtesten Läden vorbeikommt. Wohin
also soll man sich wenden, wenn die Straßenlaternen die Grachtenstadt in
romantisches Licht tauchen? Vergnügungssüchtige peilen am besten den
Leidseplein oder Rembrandtplein an. Das gesetztere Abendpublikum ver-
teilt sich auf die Musentempel.

**Aktuelle Hinweise auf Konzerte im Concertgebouw oder im Muziekgebouw/
BIMhuis am IJ erhält man im kostenlosen Veranstaltungsmagazin »UIT-
KRANT«, das in vielen Gaststätten und kulturellen Einrichtungen ausliegt.**

Karten für die Vorstellungen gibt es bei den Theatern und Konzerthäusern.
Online vertreibt **Rang1Tickets** (www.rang1tickets.nl) Eintrittskarten für die
großen Konzertevents in den Niederlanden. Ermäßigte Restkarten kann
man über www.lastminuteticketshop.nl buchen.

Musik, Tanz und Theater
Amsterdam besitzt etwa 40 Theater,
das Spektrum reicht von klassischen
Aufführungen über experimentelle
Stücke bis zum Kabarett. Die Stadt
beheimatet zudem zwei renom-
mierte Orchester: das Königliche
Concertgebouw-Orchester und das
Niederländische Philharmonische
Orchester.

Konzerte, Oper, Ballett
BIMhuis [G2]
Szenegrößen und Newcomer spielen klassischen und modernen Jazz.
• Piet Heinkade 3 | Centrum
  Tel. 020/788 21 88 | www.bimhuis.nl

Concertgebouw [D5]
Wegen der fabelhaften Akustik beliebt für Gastspiele international bekannter Chöre und Orchester, mit einem vielfältigen Repertoire von Klassik über Jazz bis Weltmusik. Von September bis Juni kann man (meist) mittwochs von 12.30 bis 13 Uhr beim Lunchkonzert ❗ umsonst den öffentlichen Proben lauschen. Karten für das Lunchkonzert gibt es am selben Tag ab 11.30 Uhr.
• Concertgebouwplein 2–6
  Museumsviertel
  Tel. 0900/671 83 45
  www.concertgebouw.nl

Koninklijk Theater Carré [F4]
Auf dem Spielplan des 1887 eröffneten Theaters stehen Musical, Tanz, Varieté und Konzerte; in den Wintermonaten tritt ein Zirkus auf.
• Amstel 115–125 | Centrum
  Tel. 0900/252 52 55
  www.carre.nl

Muziekgebouw aan 't IJ [G2]
Auch architektonisch ein attraktives Ziel für Liebhaber von Weltmusik, Tonexperimenten, klassischer Musik und Jazz.
• Piet Heinkade 1 | Centrum
  Tel. 020/788 20 00
  www.muziekgebouw.nl

Muziektheater [F3]
Die »Stopera« auf dem Waterlooplein ist künstlerische Heimat des National-

Jazz im Kubus: das BIMhuis

balletts und beherbergt auch das renommierte Opernensemble.
• Amstel 3 | Centrum
  Tel. 020/625 54 55
  www.het-muziektheater.nl

Sprechtheater und Comedy
Boom Chicago [D2]
Stand-up-Comedy und britisch-amerikanisches Entertainment.
• Rozengracht 117 | Jordaan
  Tel. 0900/266 62 44
  www.boomchicago.nl

Marionetten Theater [F3]
Aufwendige Inszenierungen von Mozart-Opern und Offenbach-Operetten.
• Nieuwe Jonkerstraat 8 | Centrum
  Tel. 020/620 80 27
  www.marionettentheater.nl

Stadsschouwburg [D4]
Modernes und klassisches Sprechtheater, Ballett und moderner Tanz.
• Leidseplein 26 | Grachtengürtel
  Tel. 020/624 23 11
  www.ssba.nl

Clubszene

Rund um den Rembrandtplein, am Oudezijds Vorburgwal und am Leidseplein müssen Nachtschwärmer nicht weit gehen, um von einer coolen Lounge zur nächsten heißen Dancehall zu wechseln. Clubbing ist derzeit Trend im Nachtleben der Stadt: Man lässt sich treiben, bleibt für einen Drink an der Bar irgendwo hängen und feiert ab ca. 1 Uhr nachts in einer Großraumdisco ab. Die schwule Szene übrigens trifft sich nach wie vor in den Bars der Seitengassen zwischen Amstel und Reguliersdwarstraat.

Clubs, Bars und Livemusik

Alto [D/E4]

Seit 20 Jahren gibt es hier jede Nacht Livejazz und -funk, vorgetragen von lokalen, aber auch internationalen Szenegrößen.
- Korte Leidsedwarsstraat 115
  Grachtengürtel | www.jazz-cafe-alto.nl
  So–Do 21–3, Fr/Sa 21–4 Uhr

SEITENBLICK

Kultur im Westerpark

Ein vitales Kulturzentrum mit spannendem Angebot inmitten von Industriemonumenten des 19. Jhs. ist der Cultuurpark auf dem umgestalteten Gelände der **Westergasfabriek** › S. 111 im Nordwesten der Stadt.
- Polonceaukade 27
  Tel. 020/586 07 10,
  www.westergasfabriek.nl
Cineasten treffen sich in **Het Ketelhuis** mit drei Kinosälen › S. 51. Außerdem locken Cafés, Theater und Events ein buntes Szenepublikum an.

Club NL [E3]

Opulent ausstaffierter In-Treff für stilbewusste Nachtschwärmer und die Fußball-VIPs von Ajax Amsterdam samt Entourage.
- Nieuwezijds Voorburgwal 169
  Centrum | Tel. 020/622 75 10
  www.clubnl.nl | Tgl. 23–3 Uhr

Jimmy Woo [D4]

Eurasischer Schick Nähe Leidseplein mit Dancefloor und exklusiver Lounge im 1. Stock. Tolle Cocktails, serviert zu R'n'B, House, Funk und Soul. Zahlreiche holländische Celebritys, dementsprechend harte Tür.
- Korte Leidsedwarsstraat 18
  Grachtengürtel | Tel. 020/626 31 50
  www.jimmywoo.com
  Do–So 23–4 Uhr

Melkweg [D4]

In diesem Multimediazentrum sieht man Filmklassiker und Folkgitarristen, Weltmusiker und Jazzveteranen; nach den Liveacts ist Disco angesagt.
- Lijnbaansgracht 234 a
  Grachtengürtel | Tel. 020/531 81 81
  www.melkweg.nl | Tgl. 19–4.30 Uhr

North Sea Jazz Club [D1]

Im Club in der Westergasfabrik gibt's donnerstags, freitags und samstags Livemusik. **50 Dinge** ⑨ › S. 13.
- Westergasfabrik
  Pazzanistraat 1 | Nordwesten
  Tel. 020/722 09 80
  www.northseajazzclub.com

Paradiso [D4]

Zu Reggae, Salsa und Ethnopop aus Afrika, live oder vom DJ-Pult, tanzt man in dieser umfunktionierten Kirche.

Für Stärkung sorgt das nette Team in der Brasserie.

• Weteringschans 6–8
Grachtengürtel
Tel. 020/626 45 21 | www.paradiso.nl
Tgl. 20–1 Uhr

Xtra Cold Ice Bar [F3]

Die schickste Gefriertruhe der Stadt ist mit Eisblöcken verkleidet und trotzdem ein heißes Pflaster für Szenegänger. Telefonische Reservierung notwendig!

• Amstel 194–196 | Centrum
Tel. 020/320 57 00
www.xtracold.com
Tgl. 12.30–2, Fr/Sa bis 2.30 Uhr

Kino

Das **Amsterdamer Filmmuseum** und das **Niederländische Filminstitut EYE** › **S. 75** sind vor einigen Jahren vom Vondelpark in einen spektakulären weißen Neubau am Nordufer des IJ umgezogen. Dort können Besucher in vier hypermodernen Filmtheatern ein ausgewähltes Raritätenprogramm genießen. 61 weitere Kinos sorgen für reichlich Auswahl; die bekanntesten sind das Tuschinski Theater sowie die Programmkinos De Uitkijk oder Het Ketelhuis mit unterschiedlichsten Filmreihen.

Filmkunst und Blockbuster

Pathé Tuschinski Theater [E3]

Das 1921 vollendete Kino mit zweitürmiger Fassade zeigt eine eklektizistische Mischung aus Art déco, Amsterdamer Schule und Neugotik. Noch heute gibt es hier eine spielbare Wurlitzer-Strunk-Orgel. In den sechs Sälen werden aktuelle Hollywoodfilme gezeigt – im englischen Original!

Früher Kirche, heute Club: das Paradiso

• Reguliersbreestraat 26–34
Grachtengürtel | Tel. 09 00/14 58
www.pathe.nl/tuschinski

De Uitkijk [D/E4]

Heimische Experimentalfilme und internationale Werke für Cineasten.

• Prinsengracht 452 | Grachtengürtel
Tel. 020/ 223 24 16
www.uitkijk.nl

Het Ketelhuis [D1]

Anspruchsvolles Programmkino mit drei Sälen und einer angesagten Bar.

• Westergasfabriek
Pazzanistraat 4 | Nordwesten
Tel. 020/684 00 90
www.ketelhuis.nl

Amsterdams berühmter Bloemenmarkt an der Singelgracht

LAND & LEUTE

Steckbrief

- **Geografische Lage:** Im Nordwesten der Niederlande, an der Mündung der Amstel und des IJ in das IJsselmeer, 52°22'33" nördliche Breite, also etwa auf der Höhe von Berlin, und 4°53'48" östliche Länge (wie Antwerpen oder Brüssel).
- **Gesamtfläche:** 220,37 km², davon knapp 20 % Wasserfläche; ein Großteil dieser Fläche liegt unterhalb des Meeresspiegels.
- **Einwohner:** 840 486 (Mai 2016), davon über 320 000 Zuwanderer aus 179 Nationen. In Groot Amsterdam, dem städtischen Großraum, leben rund 2,4 Mio Menschen (2015).
- **Bevölkerungsdichte:** 3814 Einwohner pro km²
- **Verwaltungseinheiten:** 7 Stadtbezirke (97 Ortsteile)
- **Sprache:** Niederländisch
- **Landesvorwahl:** 0031
- **Währung:** Euro
- **Zeitzone:** MEZ

Lage

Amsterdam liegt etwa 25 km östlich der Nordseeküste, wo die Amstel in die Zuiderzeebucht Het IJ fließt. Das Fundament der Stadt, die auf etwa 90 Inseln gebaut wurde, bilden etwa 5 Mio. Eichen- und Fichtenstämme, die in den morastigen Grund geschlagen wurden. Allein die Centraal Station steht auf etwa 8600 Holzpfählen. Das Koninklijk Paleis, den Königlichen Palast, tragen gar 13 659 Stämme. Heute ersetzt Beton das Holz und aktuelle Bauprojekte erhalten eine solide Unterlage aus Geotextil, Sand und Kies. Die Stadt liegt, wie die übrigen Niederlande auch, zum großen Teil unterhalb des Meeresspiegels. Sie wird von einem etwa 100 km langen Kanalsystem aus 165 Grachten durchzogen, die früher als Transportwege für Waren genutzt wurden. Neben den Wasserwegen prägen großzügige Parkanlagen und die Ulmen an den Grachten das Bild einer grünen Stadt.

Unzählige Baudenkmäler aus dem 16., 17. und 18. Jh. zieren den historischen Stadtkern, darunter fast 7000 Kaufmanns- und Lagerhäuser sowie etwa 1200 Brücken. Seit 2010 darf sich der Grachtengürtel in der größten Altstadt Europas mit dem Titel UNESCO-Weltkulturerbe schmücken.

Stadt und Politik

Amsterdam ist die Hauptstadt der Niederlande, der Regierungssitz jedoch befindet sich in Den Haag. In der konstitutionellen Erbmonarchie steht seit dem 30. April 2013 König Willem-Alexander von Oranje-Nassau an der Spitze des Staates, seine Frau Máxima trägt die Ehrenbezeichnung Königin, beider Tochter Catharina-Amalia ist als Prinzessin van Oranje Thronfolgerin.

Die Stadtverwaltung untersteht seit 2010 dem sozialdemokratischen Bürgermeister Eberhard van der Laan. Da Amsterdam jetzt in sieben Stadtbezirke mit umfassenden Zuständigkeiten und eigenen Etats aufgeteilt ist, prägen Kompetenzstreitigkeiten und taktische Manöver die Kommunalpolitik.

Die geplante Fusion der Stadtbezirke mit 14 Stadtrandgemeinden zum Verwaltungsbezirk Randstad Amsterdam, dem 2,5 Mio. Menschen angehören würden, wurde vorerst auf unbestimmte Zeit verschoben. Aktuelle Schwerpunkte der Politik sind die Mammutprojekte »Stadtsanierung« und »Stadterweiterung« mit dem Bau von zeitgemäßen Wohnkomplexen für alle Alters- und Einkommensgruppen. Der öffentliche Personennahverkehr wird ebenfalls massiv ausgebaut – bis 2015 soll das Zentrum fast vollständig autofrei sein. In seiner Struktur verändert werden soll das Rotlichtviertel: Der Stadtrat investiert beträchtliche Summen, damit sich vermehrt Geschäfte in den Walletjes niederlassen und normales Publikum anziehen.

Wirtschaft

Amsterdam bietet rund 500 000 Arbeitsplätze. An der Peripherie, in Groot Amsterdam, entstand das neue Wirtschaftszentrum der Niederlande: Viele internationale Konzerne unterhalten dort Niederlassungen. Ein schickes Messezentrum sowie die futuristischen Bürotürme an der Hafenfront am IJ weisen auf die lange positiven Bilanzen der statusbewussten Banken, Versicherungen und Telekommunikationsfirmen hin. Die Finanzkrise führte jedoch u. a. dazu, dass der Staat die Amsterdamer ING-Bankengruppe mit 10 Mrd. Euro stützen musste.

Ein vier- bis sechsspuriger Autobahnring umschließt die Region. Einer der großen Arbeitgeber, neben der Brauerei Heineken und dem Hafen, ist der Flughafen Schiphol, der rund 55 Mio. Fluggäste pro Jahr bewältigt. Ein weiterer wichtiger Wirtschaftsfaktor ist der Tourismus: Die Grachtenstadt beherbergt jedes Jahr über 8,3 Mio. Übernachtungs- und fast 16 Mio. Tagesgäste.

Fahrrad- und Grachtenstadt Amsterdam

Geschichte im Überblick

27. Oktober 1275 Erste Erwähnung einer Siedlung an der Amstelmündung: Graf Floris V. von Holland verleiht den Kaufleuten und Schiffern in Amestelledamme das Zollprivileg.

um 1300 Der Bischof von Utrecht verleiht Amsterdam die Stadtrechte.

1347 Nach dem »Hostienwunder von Amsterdam« pilgern Gläubige aus halb Europa zur Mirakelkapelle in der Kalverstraat. Auch Kaiser Maximilian I. von Österreich wird dort 1489 von einer Krankheit geheilt. Zum Dank darf Amsterdam die Kaiserkrone im Wappen führen.

1367 Amsterdam tritt der Kölner Konföderation bei, seine Händler und Schiffer dominieren den Getreidehandel zwischen den baltischen Ländern, Flandern und der Rheinregion.

1421 Ein Brand zerstört die Stadt fast vollständig.

1481 Baubeginn der ersten Stadtmauer aus Stein. Schreierstoren, Montelbaanstoren und Sint Antoniespoort sind noch erhalten.

1566 Bildersturm der Reformierten, die 1567 von Truppen des Herzogs von Alba vertrieben werden.

1578 Die Stadt schlägt sich auf die Seite der aufständischen niederländischen Provinzen. Die katholische Kirche verliert ihre Machtposition. Bis 1630 beherrscht die holländisch-reformierte Kirche das religiöse Leben, danach lassen tolerante Kirchenführer u. a. den Bau von Synagogen und katholischen Kirchen zu.

1585 Im spanisch-niederländischen Krieg fliehen flämische Kaufleute nach Amsterdam. Ihnen folgen portugiesische Juden und französische Hugenotten, die Geschäftskontakte und Handwerkskünste mitbringen. Die Stadt erlebt eine wirtschaftliche Blüte.

1602 Gründung der Vereenigde Oostindische Compagnie (VOC), die bis 1796 das Monopol für den Handel mit Gewürzen und Rohstoffen aus Südostasien hält.

1612 Baubeginn für den halbmondförmigen Drei-Grachten-Gürtel sowie das Handwerkerviertel Jordaan.

1631 Rembrandt Harmenszoon van Rijn zieht nach Amsterdam.

1632 Das Athenaeum Illustre, Vorläufer der Universität, wird gegründet.

1648 Amsterdam entfaltet im Goldenen Jahrhundert all seine Pracht als größte Handelsstadt der Welt. Nach 1780 verliert es in Kriegen gegen England und Frankreich einen Großteil der Flotte und büßt die Vormachtstellung ein.

1808 Amsterdam wird offiziell Hauptstadt des von Frankreich eroberten Königreichs der Niederlande. Als Statthalter Napoleons führt dessen Bruder Louis Bonaparte die Regierungsgeschäfte.

1870 Halbkreisförmige Stadterweiterung nach Süden. Der Bau des bürgerlichen Wohnviertels um den Vondelpark sowie der Arbeiterviertel im Südwesten beginnt.

1914–18 Während des Ersten Weltkriegs wahren die Niederlande ihre Neutralität, doch die eingeschränkten Handelsmöglichkeiten stürzen Amsterdam in eine wirtschaftliche Krise.

1928 Amsterdam ist Austragungsort der Olympischen Spiele.

1940 Ohne Kriegserklärung überfallen am 10. Mai deutsche Truppen die Niederlande. Am 15. Mai kapituliert die niederländische Armee und Amsterdam wird von der Wehrmacht besetzt.

1941 Am 25. Februar protestieren Dockarbeiter gegen die Deportation jüdischer Mitbürger. Ihr Streik wird brutal niedergeschlagen. Fast die gesamte jüdische Bevölkerung Amsterdams wird, unter aktiver Mithilfe der niederländischen Polizei, deportiert und in KZs getötet.

1945 Anfang Mai befreien kanadische Truppen Amsterdam.

1966 Während der Hochzeit von Kronprinzessin Beatrix mit Prinz Claus von Amsberg finden Provo-Demonstrationen statt.

1979 Als Protest gegen Wohnraummangel besetzen Krakers Hunderte leer stehender Wohnungen. Die massive Sanierung heruntergekommener Viertel beginnt.

1980 Die Inthronisierung von Königin Beatrix in der Nieuwe Kerk am 30. April begleiten Proteste gegen die Monarchie.

1997 Im »Vertrag von Amsterdam« beschließen die EU-Staaten am 17. Juni eine Stabilitätspolitik zur Einführung des Euro.

2002 Am 2. Februar heiratet Kronprinz Willem-Alexander die Argentinierin Máxima Zorreguieta in der Nieuwe Kerk. Am 6. Mai wird der Republikaner, Rechtspopulist und Islamkritiker Pim Fortuyn von einem Tierschützer ermordet.

2004 Kurz nach der Geburt von Thronfolgerin Catharina-Amalia stirbt am 20. März die 94-jährige Königinmutter Juliana. Am 2. November ermordet ein islamischer Fundamentalist den Regisseur und Publizisten Theo van Gogh.

2010 Futuristische Architekturprojekte wie die neue Bibliothek von Jo Coenen verändern die Silhouette der Stadt grundlegend. In Amsterdam amtiert seit Juli der Sozialdemokrat Eberhard van der Laan als Bürgermeister.

2012 Nach vorgezogenen Parlamentswahlen bilden rechtsliberale VVD (Ministerpräsident Mark Rutte) und sozialdemokratische PvdA eine Große Koalition.

2013 Thronbesteigung von König Willem-Alexander. Zuvor hatte seine Mutter, Königin Beatrix, ihre Abdankung erklärt.

2014 Ein in Amsterdam gestartetes Passagierflugzeug wird über der Ukraine von einer Boden-Luftrakete der prorussischen Separatisten getroffen und stürzt ab. 298 Menschen sterben.

2015/2016 Auch in den traditionell toleranten Niederlanden kommt es zu rassistischen Übergriffen und Demonstrationen gegen die Aufnahme von Flüchtlingen. In Umfragen liegt die Partei des Rechtspopulisten Geert Wilders – Partij voor de Vrijheid (PVV) – vorn.

Die Menschen

»Multikulti« ist kein Schlagwort in dieser Stadt, sondern ihr Alltag. Seit dem Mord am islamkritischen Berufsprovokateur und Filmemacher Theo van Gogh durch einen jungen Araber spricht man jedoch lieber von der »multiethnischen« Bevölkerung, in der religiöse und soziale Spannungen sowie Defizite in der Integrationspolitik nicht zu übersehen sind.

Wo sind die Grenzen der Toleranz, fragen sich nun die als tolerant bekannten Niederländer. Anders als die farbigen Zuwanderer aus den ehemaligen Kolonien, die sich mit der toleranten Grundmentalität der Amsterdamer arrangiert haben und die guten Seiten der schwarz-weiß gestreiften »Zebragesellschaft« in den Vordergrund stellen, ziehen sich vor allem patriarchalisch geprägte Familien aus den Ländern Nordafrikas und des Vorderen Orients in eine Parallelwelt zurück, die nach ihren eigenen, oft fundamentalistisch verfestigten Regeln funktioniert.

Dabei hat die Toleranz gegenüber fremden Sitten in Amsterdam seit rund 400 Jahren Tradition: Schon im 16. Jh. suchten reiche flämische Kaufleute und arme jüdische Handwerker aus Portugal hier Schutz vor der Inquisition und den spanischen Invasoren. Dieser Zustrom von Geld, Know-how, Handelskontakten und billigen Arbeitskräften bescherte der Stadt einen gewaltigen Wirtschaftsboom. Zur gleichen Zeit wurde in der Satisfactie van Ams-

SEITENBLICK

Amsterdamer Drogenpolitik

Neue Wege gehen die toleranten Amsterdamer auch in der Drogenpolitik. Vorbei sind die Zeiten, als Coffeeshops wie das »Bulldog«, »Canna« oder »Crazy Horse« mit ihren Joints und Haschkeksen das Nirwana von Jungtouristen waren. Seit einiger Zeit dürfen Wirte nicht mehr gleichzeitig weiche Drogen verkaufen und Alkohol ausschenken. Und das Rauchen von Tabak ist seit dem 1. Juli 2008 ohnehin strikt verboten. Das turnt ab! Viele Kiffer ziehen sich die Droge konzentriert in die Lunge und sind im Handumdrehen dermaßen »stoned«, dass der Wirt mit ihnen keinen Umsatz machen kann. Andere nehmen das Plastiktütchen mit und rauchen den Joint anderswo, z. B. rund um die Coffeeshops. Dort wird der öffentliche Konsum von Marihuana, Hasch und Cannabis geduldet. Fraglich ist jedoch, wie lange noch.

Bei Heroin und Kokain sowie bei den synthetischen Drogen haben Polizeistreifen und V-Männer seit Jahren die Dealer und rund 5000 Junkies im Visier. Für heroinabhängige Niederländer gibt es Resozialisierungsprogramme, und Junkies aus dem Ausland werden umgehend ins Heimatland zurückgeschickt. Amsterdam ist längst nicht mehr ein Paradies für Drogentouristen.

Sommerfreuden an der Westergasfabriek

terdam verfügt, dass niemand wegen seines Glaubens verfolgt werden dürfe. So kamen Hugenotten, durch den Dreißigjährigen Krieg aus Deutschland vertriebene Handwerker, englische Protestanten und flämische Künstler in die Stadt. Als berühmtester Neubürger zog 1632 Rembrandt Harmenszoon van Rijn aus Leiden nach Amsterdam.

Auch nach dem Goldenen 17. Jh. blieb die Stadt Fluchtburg für verfolgte Religionsgruppen und ethnische Minderheiten aus dem europäischen Raum. Solange die Neubürger das Wirtschaftsleben bereicherten und sich politisch ruhig verhielten, waren sie den toleranten Calvinisten willkommen. Nur im Zweiten Weltkrieg konnten die Amsterdamer Verfolgte nicht mehr schützen: Das jüdische Mädchen Anne Frank aus Frankfurt am Main ist der prominenteste Flüchtling, den die deutschen Besatzer aus seinem Versteck im Hinterhaus der Prinsengracht 263 gezerrt und ermordet haben. Etwa 100 000 Juden wurden während des Zweiten Weltkrieges verhaftet, deportiert und in den Konzentrationslagern der Nazis ermordet. Von den 80 000 Amsterdamer Juden überlebten nur 5000 den Krieg.

Dieses Trauma der Kriegsjahre ist, zusammen mit dem schlechten Gewissen einer oft als skrupellos beschriebenen Kolonialmacht, Ursache dafür, dass die niederländische Regierung vor allem in den 1960er- und 1970er-Jahren Hunderttausende von Menschen aus den ehemaligen Kolonien in Südostasien, Südamerika und der Karibik eingebürgert hat. Ab 1980 kamen zunehmend Asylbewerber ins Land. Neben den 90 000 Surinamern mit niederländischem Pass sind rund 80 000 Marokkaner die größte ausländische Gruppe in der Stadt. Anders als z. B. die etwa 4800 Chinesen passen sich die Nordafrikaner nur schwer dem örtlichen Lebensstil an. Sie ziehen sich eher in ihre sozialen Ghettos zurück. Auch die dunkelhäutigen Molukker warten seit den 1950ern auf die Rückkehr zu ihren Inseln zwischen Sulawesi und Neuguinea, die ihnen die Regierung versprochen hatte, als sie die Kolonie Indonesien in die Unabhängigkeit entließ. Wer wartet, integriert sich nicht.

Die politischen Erfolge der Rechten lassen die Niederländer seit einigen Jahren einen kritischen Blick auf diese Ghettobildung innerhalb ihrer Gesellschaft werfen und sich fragen, wie die westlichen Werte von Demokratie und Menschenrechten im Multikulturalismus geschützt werden können. Einerseits wird die Integration v. a. der Menschen mit muslimisch geprägter Kultur gefordert, andererseits warnen niederländische Intellektuelle vor der wachsenden Intoleranz gegenüber Einwanderern und ihrer religiösen Prägung. Eine bedeutende Figur in diesem Meinungsstreit ist die 2006 ausgebürgerte niederländische Politikerin Ayaan Hirsi Ali (seit 2013 US-Staatsbürgerin), eine vehemente Verfechterin der Rechte muslimischer Frauen. Mit ihr sind sich viele Niederländer einig, dass im Umgang mit Menschen aus anderen Kulturkreisen neue Wege gesucht und gefunden werden müssen.

Natur & Umwelt

Sich im quirligen Amsterdam Gedanken über die Natur zu machen, ist scheinbar überflüssig: Die Stadt existiert nur, weil ihre Erbauer die Natur zähmten und ein von Flüssen durchschnittenes Moor- und Sumpfland mithilfe von Dämmen, Kanälen und Windmühlen trocken legten.

Daher ist Amsterdam ohne den allgegenwärtigen Bezug zum Wasser undenkbar. Die Stadt ist das Resultat eines in Jahrhunderten perfektionierten Umgangs mit dem nützlichen, aber auch gefährlichen Nass. Würde nicht mit 70 Pumpen und 17 Schleusen im Stadtgebiet der Wasserspiegel konstant gehalten, wären die Pfähle, auf denen die prächtigen Grachtenhäuser stehen, längst verfault. Schon ein kräftiger Wolkenbruch – und deren gibt es einige während der Herbststürme – ließe die Kanäle übertreten und die Souterrains volllaufen, würden nicht Wärter den Pegelstand stündlich kontrollieren und regulieren.

Auf die Bedrohung Amsterdams durch den steigenden Meeresspiegel angesprochen, verweisen die Wasserbauexperten an der Amstel gelassen auf ihre Professionalität in Deichbau und Schleusentechnik. Schließlich liegt ein Großteil der Stadt schon seit Jahrhunderten unter dem Niveau der Nordsee, ohne wie Atlantis im Meer versunken zu sein. Doch hinter der Coolness verbirgt sich großer Respekt vor dem gezähmten Element.

Ein konkretes Umweltproblem versuchen die Stadtväter gerade zu bewältigen: den notorischen Amsterdamer Verkehrsstau, der mit seinen Abgasen und seinem Lärm die Lebensqualität in der Stadt stark beeinträchtigt. Mit dem Bau einer neuen U-Bahnlinie, der Noord/Zuidlijn, soll die Innenstadt entlastet und quasi autofrei werden, denn die Trasse vom Buiksluitermeerplein im Norden bis zum World Trade Center ganz im Süden wird größtenteils unterirdisch verlaufen. Allerdings verzögert sich die Fertigstellung des im Jahr 2003 begonnenen Bauprojekts immer weiter. Probleme bereiten der sumpfige Boden und die historische Bausubstanz, die durch den Tunnelbau gefährdet wird. Doch insbesondere die Amsterdamer Pendler hoffen sehr, dass der momentane Termin für die Fertigstellung gehalten werden kann: Voraussichtlich 2020 soll die neue Linie in Betrieb gehen.

Kunst & Kultur

An Rembrandt, dem Genius der atmosphärischen Hell-Dunkel-Malerei, kommen Amsterdam-Besucher mit kulturellen Ambitionen nicht vorbei.

Rund 600 Gemälde, darunter die monumentale »Nachtwache« im Rijksmuseum, etwa 300 Radierungen und 1500 Handzeichnungen wurden diesem bedeutenden und ausgesprochen geschäftstüchtigen Künstler lange Zeit zugeschrieben. Inzwischen jedoch haben Kunsthistoriker herausgefunden, dass an manchem echten Rembrandt nur die Signatur vom Meister stammt. Und dennoch: Auch wenn das Denkmal des großen Malers und frühen Meisters des Marketing heute leicht wackelt, so sind die lebhaften und realistischen Gemälde aus dem Hause Rembrandt immer noch ausgezeichnete Wegweiser zu einer spannenden Entdeckungsreise durch das Amsterdam des 17. Jhs.

Die berühmte »Nachtwache« von Rembrandt van Rijn im Rijksmuseum

Alte Meister

Einige der schönsten Gemäldegalerien der Welt machen die Stadt zum Traumziel für Kunstfreunde. 2012 wurde das Stedelijk Museum, 2013 das Rijksmuseum glanzvoll wiedereröffnet. Sieben Jahrhunderte Kreativität sind in Amsterdams Kunstmuseen ausgestellt; geprägt vom kargen Dasein der Bauern, vom Pomp der Mäzene und oft vom typisch niederländischen Dickkopf der Künstler, die bevorzugt gegen den Zeitgeist arbeiteten: Rembrandt, der seine Modelle nicht mehr idealisierend abbildete, sondern so, wie sie waren – mit Knollennase und hoher Stirn –, was manchem Auftraggeber missfiel. Oder van Gogh, der Landschaften in Farbflächen auflöste und an seinen Zeitgenossen scheiterte.

Moderne Radikalität

Auch die radikale Konsequenz der Maler, Designer und Architekten aus der Gruppe De Stijl überforderte in den 1920er-Jahren den Kunstsinn der Amsterdamer. Ihr Ziel war es, mittels der Beschränkung auf Grundprinzipien bildnerischer Gestaltung überholte Kunststile zu überwinden. Mit den Primärfarben Rot, Blau und Gelb, den Nichtfarben Schwarz, Grau und Weiß, mit abstrakt-geometrischen Grundformen und unterschiedlich angeordneten linearen Elementen schufen Künstler wie Piet Mondrian, Gerrit Rietveld, Theo van Doesburg und der aus Ungarn eingereiste Vilmos Huszár Modelle für eine bessere Welt, die praktisch und menschenfreundlich sein sollte. Das philosophische Ideal der De-Stijl-Bewegung wurde nie Realität, die Künstler jedoch gelten heute als Klassiker der Moderne.

Auch die zeitgenössische Kunstszene in Amsterdam blüht. Am besten informiert man sich über sie und ihre verschiedenen Ableger in den mehr als 140 Kunstgalerien von Amsterdam oder bei den zahlreichen Ausstellungen zur modernen und zeitgenössischen Kunst, bei denen über 100 Galerien eine Vielzahl nationaler Künstler vertreten, angefangen von Armando über Atelier van Lieshout und Rineke Dijkstra bis hin zu Willem van Veldhoven.

Viele Werke zeitgenössischer Meister, wie Aernout Miks Video-Installationen, die Fotos des Duos Jeroen de Rijke/Willem de Rooij und die Bilder von Tim Ayres, Hendri van der Putten, Han Schuil und Toon Verhoef befinden sich im Stedelijk Museum und werden dort in wechselnden Schauen gezeigt.

Max Euweplein: Fabelwesen des Brückenbauers Pieter L. Kramer

Architektur

Nur die Oude Kerk, der Grundriss
des Begijnhof sowie die ehemaligen
Stadttore Schreierstoren, Montelbaanstoren und Sint Antoniespoort
an der Waag sind heute noch sicht-
bare Relikte des mittelalterlichen
Amsterdams. Die Warmoesstraat
im Bethanienviertel ist der älteste
erhaltene Straßenzug der Stadt.

Als sich die Siedlung an der
Amstelmündung ab dem Jahr 1612
binnen weniger Jahrzehnte zur
Handelsmetropole entwickelte, entstanden die meisten heute noch erhaltenen kulturhistorisch bedeutenden Bauten der Stadt. Reiche
Händler und einfallsreiche Baumeister drückten Amsterdam ihren
unverwechselbaren Stempel auf:
Wie Wachposten stehen die Noor-
der-, Zuider- und Westerkerk an
den Flanken des Grachtengürtels.
Nach Entwürfen von Hendrik de

Die Oude Kerk aus dem Jahr 1260 ist
Amsterdams älteste Kirche

Keyser (1565–1621) errichtet, verkünden die ab 1603 erbauten Kirchen das
neue protestantische Credo: dezente Pracht und auffällige Türme von außen, im Innenraum jedoch nur die nötigsten Einrichtungsgegenstände.
Kein sakrales Blendwerk sollte von der Andacht ablenken.

Gesamtkunstwerk Grachtengürtel

Rund 5000 von insgesamt 7000 denkmalgeschützten Häusern in Alt-Ams-
terdam stehen im Grachtengürtel, der als städtebauliches Gesamtkunstwerk
seit 2010 zum UNESCO-Weltkulturerbe zählt. Diesen Reichtum aus Backstein und Mörtel verdankt die Stadt vor allem dem Stadtbaumeister Jacob
van Campen (1595–1657) und seinem Schüler, dem überaus kreativen Architekten Philip Vingboons (1607–1678), der als Erfinder des Amsterdamer
Halsgiebels gilt. Van Campen ließ ab 1612 Arbeiter und Strafgefangene das
insgesamt rund 100 km lange Kanalsystem mit über 400 Brücken ausheben
und befestigen. In drei Halbovalen umschließen seither die Heren-, Keizers-
und Prinsengracht den Stadtkern. An den Ufern der von Ulmen beschat-
teten Wasserwege reihen sich drei- bis vierstöckige Patrizierhäuser und
Kontore, in denen früher die aromatisch duftenden Schätze der Kaufleute
lagerten, die sie aus aller Welt herbeigeschafft hatten.

In der abwechslungsreichen Fassadenlandschaft des Grachtengürtels – und vor allem in der Gouden Bocht, dem Goldenen Bogen zwischen Koningsplein und Vijzelstraat an der Herengracht – kann jedermann bestaunen, wozu solides Maurerhandwerk, ein reicher Bauherr und stilistisches Understatement in der Lage waren.

Historismus und Amsterdamer Schule

Erst 200 Jahre später entstanden erneut Bauten, die Architekturgeschichte schrieben: Nach Plänen von Petrus J. H. Cuypers (1827–1921), einem bedeutenden Vertreter des Historismus, entstanden südlich der Singelgracht das opulente Rijksmuseum, die Vondelkerk und auf drei künstlichen Inseln direkt am Hafenbecken die Centraal Station. Eine Brücke zur Moderne schlug Hendrik Petrus Berlage (1856–1934), der Architekt der Börse. Seine Entwürfe zeichnen sich durch Funktionalität und dekorative Zurückhaltung aus.

Wenig Gefallen fanden die Zeitgenossen an den Siedlungsbauten der »Amsterdamer Schule«, die mit ihren bunten Klinkern und fantasievoll gestalteten Giebelfronten Schwung in den sozialen Wohnungsbau des frühen 20. Jhs. brachten. Erst nach dem Zweiten Weltkrieg, als die Städtebauer die bombardierten Flächen schnell und billig mit Betonquadern aufzufüllen begannen, lernten sie die ausdrucksstarken und soliden Bauten im Amsterdamer Süden und Westen zu schätzen. Die Lücken, die der Bau der U-Bahn in den 1970er-Jahren in die historische Bausubstanz riss, schloss man mit modernistischen Standardbauten.

Backsteinexpressionismus der Amsterdamer Schule: Het Schip von Michel de Klerk

Hypermoderne Wohnwelten

Aufsehenerregend kreativ wurden die Architekten mit dem Segen der Amsterdamer Stadtentwickler seit Mitte der 1990er-Jahre: Das Siedlungsprojekt auf dem früheren Gartenbaugebiet Sloten, die futuristische Ajax Arena, die hypermodernen Wohnviertel im Östlichen Hafengebiet, die Zukunftsstudie Living Tomorrow im Ghetto von Bijlmermeer – kein Monat vergeht, ohne dass wieder ein spektakulärer Bau eines Stararchitekten fertiggestellt wird.

Dreieckige Einfamilienhäuser und monumentale Wohnschachteln, kurvenreiche Fußgängerbrücken und knallbunte Containertürme machen die – einst verwahrlosten – künstlichen Inseln im IJ zur mittlerweile sehr begehrten Wohnlage.

Musik, Tanz und Theater

Der ausgezeichnete Ruf der Amsterdamer Orchester verpflichtet zu anhaltenden Spitzenleistungen: Wenn das Concertgebouworkest oder das Nederlands Philharmonisch Orkest unter der Leitung renommierter Dirigenten auftreten, können sich Musikliebhaber auf einen außergewöhnlichen Abend freuen. Seit 1888 ist die »Schuhschachtel« mit der legendären Akustik, wie die Amsterdamer ihren Musentempel nennen, eine der weltbesten Adressen für klassische Musik. Zwischen 1903 und 1911 dirigierte dort z.B. Gustav Mahler regelmäßig seine eigenen Werke. Bernard Haitink (geb. 1929) und Reinbert de Leeuw (geb. 1938) sind die bekanntesten zeitgenössischen Dirigenten, die Amsterdam hervorgebracht hat. Haitink dirigierte von 1961–1988 das Concertgebouworkest und leitete von 2003–2006 die Sächsische Staatskapelle Dresden. De Leeuw komponiert und dirigiert regelmäßig das Concertgebouworkest, die New Sinfonietta Amsterdam sowie den Nederlands Kamerkoor. Seit Ende 2011 ist der deutsche Dirigent Marc Albrecht Chefdirigent des Nederlands Philharmonisch Orkest, des Nederlands Kamerorkest und der Nederlandse Opera in Amsterdam. Inzwischen stehen der Stadt mit den Muziektheatern am Waterlooplein und am IJhaven weitere Top-Adressen für musikalische Highlights zur Verfügung. Da die Amsterdamer Orchester und ihre Musiker kaum staatlich subventioniert werden, spielen sie auch speziell niederländische und populäre Musik – vor vollen Sälen.

Die Amsterdamer Rock-, Pop- und Schlagersänger-Szene ist in stetem Wandel. Immer wieder landen Acda & de Munnik einen Hit oder René Froger. Eigentliche Ikone Amsterdams aber war der 2004 mit nur 53 Jahren

Niederländisches Theater – ein Exportschlager

Vital ist sie, die Amsterdamer und die niederländische Theaterszene, innovativ und überaus gefragt: Die Toneelgroep ist fest verknüpft mit der belgischen und der europäischen Theaterszene. Gastregisseure wie Christoph Marthaler, Krzysztof Warlikowski oder Ola Mafalaani stoßen auf ein experimentierfreudiges Ensemble und sorgen zum Teil mit Koproduktionen dafür, dass die Amsterdamer auf vielen deutschen und Schweizer Festivals zu sehen sind.

Sehr gefragt sind auch die Regie-Arbeiten von Johan Simons, der 1985 zusammen mit dem Komponisten und Musiker Paul Koek die legendäre Truppe ZT/Hollandia gründete. Simons ist seit 2015 Intendant der Ruhrtriennale und wird zur Spielzeit 2018/2019 die Intendanz am Schauspielhaus Bochum übernehmen.

verstorbene André Hazes. Er wollte zunächst Rock'n'Roll-Star werden. Stattdessen avancierte er zum populärsten niederländischen Schlagersänger. Sein Standbild steht im Amsterdamer Viertel De Pijp.

In der Stadsschouwburg sieht man internationale Klassiker und niederländische Theateravantgarde. Die Bühne ist die Heimat der Toneelgroep Amsterdam, der größten Theaterkompanie der Niederlande, deren anspruchvolles Repertoire von Shakespeare bis Antonioni international Beachtung findet (http://tga.nl).

Das Nederlands Dans Theater, mit Hauptsitz in Den Haag, glänzt mit Interpretationen ambitionierter zeitgenössischer Choreografen wie William Forsythe, Mats Ek, Tero Saarinen u.v.a. (www.ndt.nl).

Mit dem Holland-Festival präsentiert Amsterdam jährlich im Juni die internationale Theater- und Musikszene in den Sälen des Muziektheater, der Stadsschouwburg, der Westergasfabriek und des Muziekgebouw aan 't IJ (www.hollandfestival.nl). Das Event ist ein Muss für Theaterfans – ebenso wie das zehntägige TF-Theaterfestival Amsterdam, das Anfang September stattfindet und gemeinsam mit dem Amsterdam Fringe Festival eine breite Auswahl holländischer und flämischer Produktionen, Performances, ultramodernes Musiktheater und Life-Art auf den diversen Amsterdamer Bühnen präsentiert (www.tf.nl).

Im Mai 2014 wurde das neue Amsterdam Theater eröffnet, ein gigantischer Glaspalast, der zunächst eigens für das Theaterstück »Anne« errichtet wurde. An der multimedial opulent angereicherten Bühnenversion des berühmten »Tagebuch der Anne Frank« scheiden sich die Geister – von den einen wird das Theaterstück über die Amsterdamer Ikone Anne Frank bejubelt, andere sehen in der Produktion eine weitere Kommerzialisierung des Schicksals der jüdischen Tagebuchschreiberin, die 15-jährig im KZ Bergen-Belsen starb (www.theateramsterdam.nl/de).

Literatur

Im 17. Jh. war die reiche Handelsstadt das literarische Zentrum des Landes, mit renommierten Verlagen, intellektuellen Zirkeln und angesehenen Dichtervereinigungen, in denen der in Köln geborene Joost van den Vondel (1587–1679) und der im nahen Muiden residierende Pieter Corneliszoon Hooft (1581–1647) ihre Werke vortrugen. Und heute? Heute beschäftigt sich kaum jemand mehr mit den Poeten des Goldenen Jahrhunderts. Vergessen scheint auch der jüdische Philosoph Benedictus Baruch d'Espinosa alias de Spinoza, der 1656 wegen seiner »Irrlehren« aus Amsterdam verbannt wurde.

Dennoch sind große Teile der Weltliteratur ohne Amsterdam nicht denkbar. Es war der Amsterdamer Querido-Verlag in der Keizersgracht 333, der 1933 eine deutschsprachige Abteilung eröffnete, in der er in Nazi-Deutschland verfemte jüdische Autoren und Autorinnen publizierte. Alles, was literarisch auch heute noch Rang und Namen hat, stand auf der Autorenliste:

Alfred Döblin, Lion Feuchtwanger, Irmgard Keun, Anna Seghers, Joseph Roth und Jakob Wassermann, außerdem die gesamte Familie Mann. Der Verleger, Emanuel Querido, wurde 1943 an die nationalsozialistischen Besatzer verraten und zusammen mit seiner Frau in Sobibor ermordet.

Große zeitgenössische Schriftsteller wie Marten 't Haart, Jeroen Brouwers, Cees Nooteboom, Margriet de Moor, Astrid Roemer und Carl Friedmann alias Carolina Klop publizieren zwar in der Medienstadt, leben aber außerhalb. Der bekannte Querdenker Harry Mulisch (1927–2010), gebürtiger Haarlemer, blieb der Stadt und ihrer detailfrohen Schilderung treu. In Amsterdam schreiben Alfred van Cleef, die Dramatiker Karst Woudstra, Ad de Bont, Judith Herzberg, Inez van Dullemen und Gerardjan Rijnders, die dafür sorgen, dass niederländisches Drama weltweit auf den Bühnen präsent ist. Das Erfolgsautorenpaar Leon de Winter und Jessica Durlacher hingegen meldet sich meist aus den USA zu Wort Die beiden für ihre publikumswirksame Texte bekannten Schreiber konnten aber auch als Autoren für das Theaterstück »Anne« gewonnen werden › **S. 66**. Auch Simon Carmiggelt (1913–1987), der das widerspenstige, skurrile, unkonventionelle Wesen der Amsterdamer so treffend wie kein Zweiter beschrieben hat, war ein Zugereister – er zog aus dem beschaulichen Den Haag an die Amstel.

SEITENBLICK

Dutch Design

Sie entwickeln den schlanken, einbruchsicheren Briefkasten und die aerodynamischen Kurven von Luxuskarossen, sie erfinden den eleganten Damenschuh mit höhenverstellbarem Absatz, Spielzeug für Mastschweine in Freilandhaltung, einen Regenschirm für Golfsportler und das Basicphone für ältere Benutzer, die mit einem Mobiltelefon nichts als telefonieren wollen. Sie recyclen alte Schubladen zu neuen fragilen Kommoden und entwerfen Stühle aus verknotetem Seil – die niederländischen Designer kennen keine Grenzen in Sachen Material und Formgebung. Ihr innovatives, verspieltes Denken ist weltweit gefragt. Die modischen Kreationen von Marcha Hüskes kleiden nicht nur Prinzessin Máxima. Dutch Design bei Möbeln und grafischen Arbeiten, in der Mode und im Produktdesign ist ein Erfolgsschlager. Es glänzt mit frischen Konzepten, bei denen prinzipiell die Funktionalität im Vordergrund steht. Klare Linien und oft poppige Farben werten die Entwürfe auf – und mehren die Zahl ihrer Bewunderer. So zeichnet etwa Adrian van Hooydonk für die Linie der BMW-Limousinen verantwortlich und Designerin Roswitha van Rijn erobert mit ihren Stilettos aus Fischleder die Catwalks.

Das Lloyd Hotel an der Oostelijke Handelskade › **S. 136** ist das inoffizielle Designzentrum der Stadt. Dort gibt es nicht nur 16 Zimmer, die von Nachwuchstalenten und Stars der Szene eingerichtet wurden, sondern auch eine Karte für eine informative Designroute durch Amsterdam.

www.lloydhotel.com | www.design.nl | www.dutchtouch.com

Straßenkünstler am Koningsdag an der Ecke Singel/Haarlemmerstraat

Kunst von der Straße

Das kreative Potenzial der Amsterdamer Kulturszene tobt sich auch in alternativen Zirkeln und Kleinsttheatern aus, bringt eifrig provokante Choreografien, umstrittenes Tanztheater und schräge Dramen auf die Bühne, die das Kunstverständnis der Mehrheit häufig in Frage stellen. Die Spannung hält an: ob junge Wilde, Graffiti, Ethno-Art, ob Video-Aktionismus oder Kunst auf der Straße, die Szene der Stadt sprüht vor Fantasie und kreativer Kraft, gerade in dem Wissen, dass nicht jedes Werk im Museum landen wird.

Feste & Veranstaltungen

Festkalender

Januar: Beim Turnier **Jumping Amsterdam** zeigen die besten Spring- und Dressurreiter der Welt ihr Können (www.jumpingamsterdam.nl).

Februar: Schweigemarsch am 25. Februar zum Gedenken an den Streik der Hafenarbeiter gegen die Deportation der jüdischen Mitbürger durch die nationalsozialistischen Besatzer im Jahr 1941; auch der **26. Februar** ist **nationaler Gedenktag.**

April: Hochsaison im nahen Blumenmeer von Keukenhof. Am **27. April** hat König Willem-Alexander Geburtstag und seit seiner Thronbesteigung feiert das ganze Land an diesem Tag den **Koningsdag** (wenn der 27. auf einen Sonntag fällt, wird am 26. gefeiert), ein buntes Volksfest mit Straßenmusik, mit Pommes- und Bierständen und was sonst noch so dazu gehört.

Mai: Bis in die Monatsmitte sind in der Nieuwe Kerk die besten Pressefotos des Vorjahres bei der **World Press Photo Exhibition** zu sehen. Am **4. Mai** ist **Dodenherdenking,** die nationale

Gedenkfeier für die Opfer des Zweiten Weltkriegs am Nationaal Monument auf dem Dam; am **5. Mai** erinnert man sich an den **Tag der Befreiung** durch die Kanadier 1945.

Juni: Das **Holland-Festival** bringt einen Monat lang die neuesten Entwicklungen der Bühnenkunst unters Volk, mit Opern, Tanzvorführungen, Konzerten, Kabarett und vielem mehr (www.hollandfestival.nl).

Juni bis September: Open-Air-Veranstaltungen – Theateraufführungen und Konzerte – beim **Openluchttheater** im Vondelpark (www.openluchttheater.nl).

Juli: Die **Amsterdam Fashion Week** strahlt mit Modeschauen und schillernden Events auch auf die Stadt aus (www.fashionweek.nl/en/downtown).

Juli/August: Beim **Gay Pride Amsterdam** feiert die Schwulenszene Ende Juli/Anfang August ein großes Fest mit schriller Parade auf dem Grachtengürtel, und ganz Amsterdam feiert mit (www.amsterdamgaypride.nl).

August: Beim **Grachtenfestival** gibt es 10 Tage klassische Musik an den schönsten Orten Amsterdams: in Grachtenhäusern, auf Booten und schwimmenden Plattformen (www.grachtenfestival.nl). Am letzten Wochenende des Monats beginnt die Theater- und Konzertsaison mit einem opulenten Kulturprogramm, dem **Uitmarkt**. Unter dem Titel **De Parade** finden Konzerte, Performances und Theaterstücke für Kinder und Erwachsene auf der Freilichtbühne im Kingpark statt (www.deparade.nl).

September: **Parade des Aalsmeerer Blumenkorsos** am ersten Samstag im Monat; eine Woche später erlaubt der **Tag des offenen Denkmals** tiefe Einblicke in alte Gebäude, die man sonst nicht besichtigen kann. Außerdem finden das 10-tägige **TF-Theaterfestival** und das **Amsterdam Fringe Festival** statt. Mitte des Monats feiert man im Stadtteil Jordaan das **Volksfest** mit viel Musik, Tanz und noch mehr Bier.

Oktober: Über 100 Bootsmannschaften aus dem In- und Ausland liegen am zweiten Samstag beim **Grachtenrennen** auf einem 24 km langen Grachtenparcours im Wettstreit (www.grachtenrace.com).

November: Am dritten Wochenende des Monats zieht **Sinterklaas** mit seinem Gefolge auf dem Dampfschiff »Spanje« in die Stadt ein.

Dezember/Januar: Grachten und Gebäude der historischen Innenstadt werden festlich beleuchtet. Mitte Dezember treten illuminierte Boote zu einer feierlichen **Grachtenparade** an (www.amsterdamlightfestival.com).

Der Höhepunkt des Gay Pride ist die Bootsparade auf den Grachten

Vor dem Rijksmuseum
am Museumplein

TOP-TOUREN & SEHENS-WERTES

ZENTRUM

Kleine Inspiration

- **Die Oosterdokskade am Wasser entlang schlendern** und sich vom fantastischen Bibliotheksgebäude beeindrucken lassen › S. 74
- **Schaufensterbummeln der verruchten Art** in den Walletjes rund um die Oude Kerk › S. 78
- **Auf den Stufen der Beurs van Berlage sitzen** und die Skateboard-Künste der Jugendlichen bestaunen › S. 81
- **Die kleinen Engel entdecken** an der Kanzel der Nieuwe Kerk und sich mit ihnen amüsieren › S. 82
- **Sich treiben lassen** durch alle Stockwerke des Magna Plaza › S. 82
- **Köstliche »broodjes« kaufen** zwischen herrlichen alten Kacheln in der Spuistraat 274 › S. 84

Kaum eine andere europäische Metropole kann mit einem vergleichbar quirligen Zentrum aufwarten wie die niederländische Hauptstadt.

Amsterdam kompakt. Willkommen in der Stadt der Kontraste! Die prallen im historischen Zentrum, wo die meisten Sehenswürdigkeiten zu finden sind, ungebremst aufeinander. Bei der aktuellen Großbaustelle rund um die Centraal Station, den Hauptbahnhof, beginnt das Spannungsfeld zwischen verschnörkelter Bausubstanz und moderner Architektur, zwischen Glanz und Elend: Am Oosterdok steht die ausdrucksvolle Fassade des Museums NEMO in reizvollem Kontrast zum Ostindiensegler »Amsterdam«. Im engen, manchmal schmuddeligen Viertel De Wallen rund um die Oude Kerk erobern derzeit junge Modedesigner und ihre schicke Klientel das Terrain. Die teuren Auslagen in den Boutiquen sowie die exklusiven Hotelfronten am Rokin und am Dam steigern noch die Eleganz des Koninklijk Paleis (Königlicher Palast).

Im südlichen Teil des Zentrums schließlich drängen sich bunte Schaufenster, beliebte Kneipen sowie das versteckte Idyll des Begijnhofs auf engstem Raum. Und im ehemaligen jüdischen Viertel südöstlich der imposanten Waag auf dem Nieuwmarkt sind die kulturellen Schätze im Rembrandthuis sowie im Jüdischen Museum (Joods

Das Nationaal Monument auf dem Dam wird auch *pijpie krijt* (Kreidestift) genannt

Historisch Museum) und der Portugese Synagoge einen Besuch wert.

Einige Museen sowie die Boutiquen und Läden im Zentrum sind am Montagvormittag geschlossen. Die ruhigen Stunden lassen sich gut für einen ersten Streifzug nutzen.

SEITENBLICK

Eine Chipkarte für alles

Mit der I amsterdam-Karte kann man alle Busse und Straßenbahnen benutzen, eine Grachtenrundfahrt gratis unternehmen, erhält ermäßigten Eintritt in viele Museen und Attraktionen, kleine Extras in Restaurants und mehr. Die Karte kostet für 24 Std. 55 €, 48 Std. 65 €, 72 Std. 75 € und 96 Std. 85 €. Man erhält sie bei den Touristenbüros am Hauptbahnhof und am Leidseplein.

Ein Monumentalbau im Neorenaissancestil ist die Centraal Station (Hauptbahnhof)

Zwischen IJ und Dam

Verlauf: Centraal Station › **Openbare Bibliotheek Amsterdam (OBA)** › **Scheepvaarthuis** › **NEMO** › **Museumshafen und Scheepvaartmuseum** › **ARCAM** › **Museum Ons' Lieve Heer op Solder** › **Oude Kerk** › **Beurs van Berlage** › **Dam** › **Nieuwe Kerk** › **Koninklijk Paleis**

Karte: Seite 76
Dauer/Distanz: 3 Std. (ohne Museumsbesuche), 5 km
Praktische Hinweise:
- Das Zentrum lässt sich bequem zu Fuß erkunden.
- Vorsicht ist geboten: Auch Taschendiebe lauern dort auf ihre Chance im Durcheinander.
- Ⓜ Centraal Station

Tour-Start:
Centraal Station **1** ⭐ [F2]

Alle Busse, Bahnen und Straßenbahnlinien führen zum großen Hauptbahnhof auf dem Stationseiland, einem Prachtgebäude im Stil der Renaissance und wie sein Pendant, das Rijksmuseum › **S. 118**, ein Werk des Architekten Petrus J. H. Cuypers (1827–1921). Im Bahnhofscafé können nicht nur Reisende stilvoll Wartezeiten verbringen. **50 Dinge** ㉒ › **S. 14**.

Seit 1889 ruht der Verkehrsknotenpunkt auf drei künstlichen Inseln direkt am IJ. An seiner Nordseite befinden sich Fährterminals.

Etwa 8600 Fichtenstämme mussten bis zu einer Tiefe von 30 m in den Boden gerammt werden, um dem monumentalen Bauwerk die notwendige Standfestigkeit zu geben.

Die Oosterdokskade führt am Wasser entlang nach Osten zum spektakulären Bau der **Openbare Bibliotheek Amsterdam (OBA)**, einem Werk des Stararchitekten Jo Coenen. Ein offener Baukörper aus Muschelkalk umgibt wie ein Rahmen den transparent gestalteten Nutzungsbereich. Im Foyer können Besucher für 1 € pro 30 Minuten das Internet benutzen, die sauberen öffentlichen Toiletten bei Bedarf ebenfalls (Oosterdokskade 143, www.oba.nl, tgl. 10–22 Uhr).

Am gegenüberliegenden Kai des Hafenbeckens zieht das **Scheepvaarthuis** **2** [F2] alle Blicke auf sich, hinter dessen Klinkerfassade das Luxushotel Amrâth › **S. 35** residiert. Der frühere Sitz der Schifffahrtsgesellschaften wurde nach Plänen des Architekten Johan Melchior van der Mey (1878–1949) zwischen 1911 und 1916 im Stil der Amsterdamer Schule errichtet. Die Fassade wurde aus mehr als 200 in Farbe und Maß verschiedenen Typen von Backsteinen zusammengefügt. Seepferdchen, Delfine und andere maritime Motive schmücken den Bau, dessen Grundriss einem Schiffsbug nachempfunden ist.

NEMO **3** ⭐ [G2]

Über eine Fußgängerbrücke gelangt man zum NEMO, einem Museum für Wissenschaft und Technologie. Wie der Bug eines riesigen Ozeandampfers überragt es den Eingang zum IJ-Tunnel. Die Entwürfe zu dem maritim-futuristisch gestylten Bau stammen von Renzo Piano. Auf vier Etagen präsentiert die Ausstellung Simulationsprogramme, mit denen Techniken der Zukunft erklärt werden (Oosterdok 2, Tel. 020/531 32 33, www.e-nemo.nl, Di bis So 10–17 Uhr, Mai–Aug. und während der Schulferien tgl.).

Vom schrägen Dach des NEMO, das auch ohne Museumsbesuch zugänglich ist, hat man einen schönen Blick über das Hafenbecken und die Dächer der Altstadt. Im Sommer relaxt man hier in Liegestühlen und an der Bar, dazu gibt es klasse Wasserspiele für die Kleinen. **50 Dinge** ⑦ › **S. 12**.

Museumshafen und Scheepvaart-museum 4 [G3]

Im Oosterdok-Hafenbecken sind zahlreiche historische Schiffe aus dem reichen Bestand des Nederlands Scheepvaartmuseum vertäut. Unübersehbar liegt der **Ostindiensegler »Amsterdam«** im Wasser. Der hölzerne Dreimaster ist die Rekonstruktion eines Handelsschiffes der Vereenigde Oostindische Compagnie (VOC) aus dem 18. Jh. Das Original kam nie bis Batavia, dem heutigen Jakarta, es ging bei seiner Jungfernfahrt 1749 in einem Sturm vor der englischen Küste unter.

Das neu gestaltete **Scheepvaartmuseum** im repräsentativen Monumentalbau des einstigen Arsenals der Admiralität von Amsterdam zeigt nicht nur eine umfassende

Nachbau eines havarierten Schiffes: der Ostindiensegler »Amsterdam«

Für Cineasten

2012 zogen die Sammlungen des alten Filmmuseums am Vondelpark und die übrigen Schätze des Niederländischen Filminstituts **EYE** in ein spektakuläres weißes Gebäude am Nordufer des IJ um. Man erreicht das neue Filmmuseum [F1] mit der ❗ kostenlosen Fähre vom Hauptbahnhof zum Buiksloterweg. Die berühmte Sammlung umfasst über 46 000 Filme, 35 000 Poster und 450 000 Fotos von 1895 bis heute. Beeindruckend ist auch der Ausblick vom Café hinüber zur Centraal Station. IJpromenade 1, Tel. 020/ 589 14 00, www.eyefilm.nl.

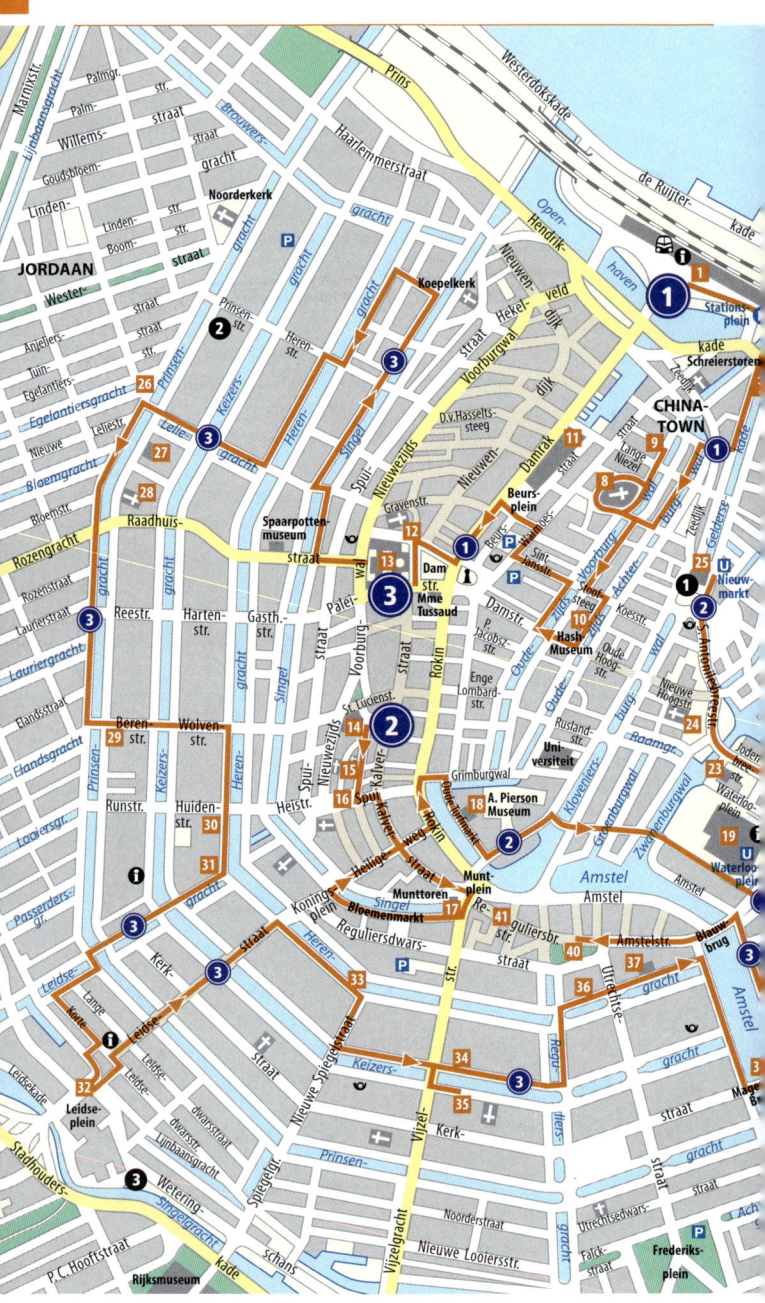

Touren im Zentrum und Grachtengürtel

Tour ❶

Zwischen IJ und Dam

1 Centraal Station
2 Scheepvarthuis
3 NEMO
4 Museumshafen und Scheepvartmuseum
5 ARCAM
6 Montelbaanstoren
7 Schreierstoren
8 Oude Kerk
9 Museum Ons lieve Heer op Solder
10 Hashmuseum
11 Beurs van Berlage
12 Nieuwe Kerk
13 Koninklijk Paleis

Tour ❷

Südliche Innenstadt

14 Amsterdam Museum
15 Begijnhof
16 Spui
17 Munttoren
18 Allard Pierson Museum
19 Stopera
20 Joods Historisch Museum
21 Portugese Synagoge
22 Mozes en Aäronkerk
23 Rembrandthuis
24 Zuiderkerk
25 Waaggebouw

Tour ❸

Giebeldefilee am Wasser

26 Amsterdam Tulip Museum
27 Anne-Frank-Huis
28 Westerkerk
29 Woonbootmuseum
30 Bijbels Museum
31 Het Grachtenhuis
32 Leidseplein
33 Gouden Bocht – Goldener Bogen
34 FOAM
35 Museum Van Loon
36 Tassenmuseum Hendrikje
37 Museum Willet-Holthuysen
38 Magere Brug
39 Hermitage Amsterdam
40 Rembrandtplein
41 Tuschinski Theater

48 m hoch ist der Montelbaanstoren

Sammlung von Exponaten zur Seefahrtsgeschichte, es nimmt auch mit auf virtuelle Reisen um die ganze Welt. **50 Dinge** ② › **S. 12.** Auf der Terrasse und im überdachten Innenhof kann man in Reiseträumen schwelgen (Kattenburgerplein 1, Tel. 020/523 22 22, www.hetscheepvaart museum.nl, tgl. 11–17 Uhr, 7,50 €).

ARCAM ⑤ [G3]

❗ Einen beeindruckenden Vorgeschmack auf die architektonischen Höhepunkte der Stadt erhält man im Ausstellungszentrum ARCAM, einer futuristischen Welle aus Blech und Glas (Architectuur Centrum Amsterdam, Prins Hendrikkade 600, Tel. 020/620 48 78, www.arcam.nl, Di–Sa 13–17 Uhr, Eintritt frei).

Montelbaanstoren ⑥ [F3]

Seit dem 15. Jh. lagen an der Oude Schans und der Geldersekade die Werften und Werkstätten der Stadtzimmerei, wo die meisten Schiffe der Amsterdamer Handelsflotte gebaut wurden. Einer der ehemaligen Stadttürme, der Montelbaanstoren aus dem Jahr 1512, ist dort noch erhalten. Seine dekorative Spitze im Stil der Renaissance hat man dem Turm erst im 17. Jh. nach Plänen des Stadtbaumeisters Jacob van Campen aufgesetzt. An der Oude Schans wird noch heute der Wasserstand in den Grachten geregelt.

Schreierstoren ⑦ [F2]

Auch der 1487 errichtete Schreierstoren an der Ecke Prins Hendrikkade/Geldersekade ist ein Teil der ersten Stadtbefestigung. Ein Fassadenstein mit einer weinenden Frau, einem ausfahrenden Segelschiff und der Jahreszahl 1569 erinnert an die ergreifenden Abschiedsszenen, die sich am Schreierturm, so die gängige Übersetzung, direkt am alten Hafen abgespielt haben müssen. Heute ist in den mittelalterlichen Mauern das VOC-Café untergebracht (Tel. 020/428 82 91, www. schreierstoren.nl, Mo–Do 10–1, Fr/ Sa bis 2.30, So 12–1 Uhr).

De Wallen oder Walletjes

Das Terrain am Zeedijk, noch vor wenigen Jahren die berüchtigste Drogenecke von Amsterdam, haben chinesische Imbisslokale erobert, auch der buddhistische **Fo Guang Shan He Hua-Tempel** [F2] und ein Nonnenkloster wurde dort errichtet. Den Tempel darf nur betreten, wer die Schuhe auszieht. Zum Chinesischen Neujahr kann man dort traditionelle Drachentänze erleben. An diese kleine Chinatown schließt sich der Rotlichtbezirk an, das berüchtigte Viertel De Wallen oder Walletjes, wo Prostituierte in Schaufenstern posieren und auf Kundschaft warten. **50 Dinge** ③ › **S. 12**.

Oude Kerk 8 ⭐ [F2]

Mitten im Rotlichtviertel erhebt sich die Oude Kerk, Amsterdams älteste Kirche. Sie wurde 1306 erbaut. Der Bischof von Utrecht weihte sie Sint Nicolaas, dem Schutzpatron der Fischer und Seeleute. Im 16. Jh. erfolgten ihre Umgestaltung zur Kreuzbasilika und der Anbau von drei Kapellen: der »eisernen«

Kapelle im Süden, der Taufkapelle im Westen und der Liebfrauenkapelle im Osten. Aus der Epoche vor der Reformation haben sich in der Kirche drei Buntglasgemälde erhalten, die Szenen aus dem Leben der Muttergottes zeigen. Rembrandts Frau Saskia van Uylenburgh liegt hier begraben. Mit einem neuen, gut gemachten Audioguide (im Eintrittspreis enthalten) können sich Besucher eine Stunde lang durch die Kirche führen lassen.

Heute finden in der Kirche nicht nur erstklassige Orgelkonzerte statt, sondern auch andere Events (Mo bis Sa 10–18, So 13–17.30 Uhr, 7,50 €, Kinder unter 13 Jahren Eintritt frei; Programminfos www.oudekerk.nl).

SEITENBLICK

Peepshow zum Nulltarif

Bereits im 14. Jh. duldete der Magistrat der Stadt die Bordelle am Zeedijk und an der Oude Kerk, in denen die Matrosen ihre Heuer verprassten. So auch der Stadtrat im 21. Jh.: Im Viertel De Wallen warten die Prostituierten – darunter auch Gigolos und langbeinige, perfekt geschminkte Transvestiten – in Reizwäsche hinter den hohen Fenstern der Grachtenhäuser auf Kundschaft. Kommt ein Freier, werden die Vorhänge zugezogen. Rund 8000 Frauen sind in Amsterdam offiziell als Prostituierte gemeldet, mit Steuernummer und Gesundheitspass. Eine Bronzestatue, die aufreizende »Belle«, wurde für sie errichtet, um den Respekt der Stadt vor den Sexarbeiterinnen auszudrücken. Nicht alle waren davon begeistert. Denn dass das Geschäft mit dem Sex in aller Öffentlichkeit abläuft, hat auch Nachteile: Lärmende Schlepper preisen die Erotikshows der einschlägigen Bars bis spät in die Nacht an, die männliche Laufkundschaft taxiert und belästigt auch Nicht-Prostituierte. **Tagsüber werden weibliche Blicke geduldet, doch nachts sollten Frauen hier nicht allein unterwegs sein. Dann läuft das Geschäft auf Hochtouren.**

Im Zuge der innerstädtischen Aufwertung sollen bis etwa 2018 Teile des Rotlichtbezirks saniert sowie die Boulevards Damrak und Rokin neu strukturiert werden. Zudem will man verschärft gegen die Kriminalität im Milieu vorgehen, ohne jedoch die käuflichen Damen und Herren in die Illegalität zu drängen. Unter dem Motto »Redlight Fashion« förderte die Stadt beispielsweise Modeboutiquen, die ein anderes Publikum vor die Schaufenster locken soll.

Vom 1568 errichteten Westturm der Oude Kerk aus hat man einen schönen Blick über die Dächer der Innenstadt (Besteigung April–Sept. Do–Sa 13–17 Uhr alle 30 Min.).

Museum Ons' Lieve Heer op Solder 9 ⭐ [F2]

Um die Oude Kerk herum gelangt man zu einem in ein Museum (ehem. Museum Amstelkring) umgewandelten Grachtenpalais aus dem 17. Jh. Hauptattraktion ist die frisch renovierte barocke Geheimkirche Ons' Lieve Heer op Solder – Unser Herrgott auf dem Dachboden. Der Kaufmann Jan Hartmann ließ sie 1661–1663 in das Dachgeschoss seines Anwesens einbauen. Dass die Katholiken vom Handel mit den Kolonien ebenso profitierten wie die Reformierten, belegt die üppige barocke Ausstattung. Zum Museum gehören auch mehrere zeitgenössisch eingerichtete Wohnräume, die mit dunkel getäfelten Wänden, schweren Vorhängen, Ölgemälden und massiven Möbeln aus edlen Tropenhölzern vom Lebenstil reicher Kaufmannsfamilien im Goldenen Jahrhundert zeugen (Oudezijds Voorburgwal 40, Tel. 020/624 66 04, www.opsolder.nl, Mo–Sa 10–17, So ab 13 Uhr, 10 €, 5–18 Jahre 5 €; außer im Sommer am 1. Sonntag/Monat kath. Messe um 11 Uhr bei freiem Eintritt).

Hash Marihuana & Hemp Museum 10 [E3]

Über den Oudezijds Voorburgwal, die idyllische Stoofbrug und den Stoofsteg gelangt man zum Haschischmuseum: Hier erfährt man, dass Cannabisprodukte nicht nur Rauschgifte sind, sondern in der Geschichte der Textilindustrie, der Seefahrt und der Heilkunde eine wichtige Rolle spielten (Oudezijds Achterburgwal 148, www.hashmuseum.com, tgl. 10–22 Uhr, 8,50 €).

Beurs van Berlage 11 ⭐ [E2]

Durch die historische Enge der Sint Jans- und der Warmoesstraat erreicht man das offene und lebhafte Terrain des **Damrak** mit seinen Souvenirshops, Imbissbuden, Hotels und Restaurants. Auf der Ostseite

SEITENBLICK

Bauten der Moderne

Im Gefolge von Hendrik P. Berlage schufen Architekten wie Michel de Klerk, Pieter L. Kramer und J. M. van der Mey, der Erbauer des Scheepvaarthuis › S. 74, für die wachsende Zahl von Arbeiterfamilien im Süden und Westen der Stadt geschlossene Wohnsiedlungen mit spielerischen Details: In abwechslungsreichen Mustern gemauerte Backsteinwände und fantasievoll gestaltete Giebelfronten, die durch Erker, Balkone und Portale zusätzlich gegliedert und mit Reliefs und Skulpturen aus Naturstein geschmückt sind, prägten den neuen Stil der »Amsterdamer Schule«. Durch seine starke optische Gliederung mutet z. B. der massive Wohnkomplex Het Schip › S. 112 von Michel de Klerk (1884–1923) geradezu leicht an.

Die ehemalige Kaufmannsbörse beherbergt heute ein Kulturzentrum

des kurzen Boulevards beherrscht die rotbraune Fassade der Kaufmannsbörse das Straßenbild. Der 450 m lange Backsteinbau, den Königin Wilhelmina 1903 eröffnete, wird nach seinem Architekten Hendrik P. Berlage (1856–1934) Beurs van Berlage genannt. Mit seiner schlichten Eleganz markiert er den Beginn einer neuen Ära im Städtebau: Im Stil der Amsterdamer Schule entstanden in den Folgejahren Kaufhäuser, die mit ihrer schlichten Raffinesse beeindrucken, und ein ganzes Stadtviertel mit Sozialwohnungen an der südlichen Peripherie.

Die Kaufmannsbörse wird heute als Museum und Veranstaltungsort für Ausstellungen oder Konzerte genutzt. Die Niederländischen Philharmoniker, das Opern- und das Kammerorchester treten dort auf. Eindrucksvoll ist der Blick durch die große gläserne Kuppel des Wangzaal in den Himmel. Der Aktienhandel wird heute in der benachbarten Effectenbeurs abgewickelt, einem Bau von Joseph Cuypers (Damrak 277, Tel. 020/530 41 41; www.beursvanberlage.nl, Mo–Fr 8.30–17.30, Sa/So 11–17 Uhr).

Von den Stufen der Börse oder vom gleichnamigen Terrassencafé direkt am Beursplein kann man kostenloses Straßentheater erleben: Unter den Bäumen probt die Jugend Skateboard-Kunststücke und Kleindarsteller legen sich für ein Trinkgeld ins Zeug.

Dam [E3]

Der Platz ist das pulsierende Herz von Amsterdam, Beweis seiner Vi-

talität und globalen Anziehungskraft. Ein Rundblick über den Dam erleichtert die Orientierung in der Stadt: Im Uhrzeigersinn gruppieren sich der Koninklijk Paleis › **S. 82**, die Nieuwe Kerk › **S. 81**, das Kaufhaus Bijenkorf › **S. 44**, das Nobelhotel Krasnapolsky › **S. 37** mit seiner strategisch hervorragend gelegenen Terrasse und Madame Tussauds Wachsfigurenkabinett › **S. 33** um das 22 m hohe weiße **Nationaal Monument,** das an die Befreiung der Stadt von der deutschen Besatzung im Zweiten Weltkrieg erinnert. Es wurde 1956 von Königin Juliana eingeweiht. Die Pläne für den Obelisken stammen von J. J. P. Oud (1906 bis 1963), einem Architekten aus der Künstlergruppe De Stijl. Das Denkmal ist ein bei Einheimischen und Gästen beliebter Treffpunkt.

Nieuwe Kerk 12 [E2]

In der spätgotischen Kreuzbasilika gleich neben dem Paleis, der Nieuwe Kerk, heiratete 2002 Willem-Alexander, Kronprinz der Niederlande, die Argentinierin Máxima Zorreguieta. Am 30. April 2013 erfolgte hier auch seine offizielle Amtseinführung als König der Niederlande.

Bereits 1408 hatte man an dieser Stelle mit der Errichtung eines Sakralbaus begonnen. Nach drei Bränden entstand ab 1645 die Basilika in ihrer heutigen Form. Sehenswert sind neben den Grabmälern des Dichters Joost van den Vondel sowie der Admirale Jan van Galen und Michiel de Ruijter die Bleiglasfenster im nördlichen Querschiff. Auf dem Geländer der reich mit Holzschnitzereien geschmückten Kanzel des Bildhauers Albert Janszoon Vinckenbrinck sieht man einige Engelchen, die sich ganz weltlich amüsieren. Ausstellungen von Weltrang bringen regelmäßig profanen Glanz in das Gotteshaus (tgl. 11–15 Uhr, www.nieuwekerk.nl, je nach Ausstellung etwa 10 €).

Koninklijk Paleis 🔢 ⭐ [E3]

Die Westseite des Dam dominiert die prächtige Fassade des Palasts. Der Bau wurde 1648–1655 nach Entwürfen Jacob van Campens aus teurem Bentheimer Sandstein als repräsentatives Rathaus errichtet.

Er symbolisierte die Macht der Amsterdamer Handelsfamilien im Goldenen Jahrhundert. Im Fries an der Fassade des klassizistischen Baus huldigen die sieben Weltmeere und allegorisches Getier der Amsterdamer Stadtjungfrau, innen gönnten sich die Stadtväter mit Marmor und Gemälden geschmückte Säle.

Als Napoleons Bruder Louis Bonaparte den Palast 1808 zur Residenz erwählte, brachte er seinen Hausstand mit. So kann man bei den Führungen auch Empiremöbel sehen. Heute zählt der Palast zum Besitz des Königshauses und wird vor allem für offizielle Empfänge sowie Großveranstaltungen genutzt (Nieuwezijds Voorburgwal 147, www.paleisamsterdam.nl, meist Di bis So 10–17 Uhr, bei Anwesenheit der königlichen Familien geschl., Infos dazu auf der Webseite).

Shopping

Hinter der neogotischen Fassade des früheren Hauptpostamtes am Nieuwezijds Voorburgwal residiert das **Magna Plaza** › S. 44. Allein die Fahrt hinauf zur vierten Galerie ist einen Besuch des schicken Kaufhauses wert.

SEITENBLICK

Sinterklaas kommt!

Der größte Trubel rund um den Koninklijk Paleis herrscht jedes Jahr am dritten Sonntag im November, wenn vom Damrak her Sinterklaas, Schutzpatron der Stadt und der Seefahrer, geritten kommt. In seinem Gefolge radeln 50 Zwarte Pieten (Schwarze Peter). Vor dem Palais wird Sinterklaas vom Bürgermeister oder sogar vom König empfangen. Ein Giebelstein an der Fassade des Eckhauses stellt den Heiligen mit drei Kindern dar. Der Legende nach soll ein Metzger diese Kinder umgebracht und zu Wurst verarbeitet haben. Weil Sinterklaas die Kleinen wieder zum Leben erweckte, wird er noch immer als Beschützer der Kinder verehrt.

Geschichte erleben im Amsterdam Museum

Tour 2 — Südliche Innenstadt

Verlauf: Amsterdam Museum › Begijnhof › Spui › Singel › Allard Pierson Museum › Waterlooplein › Joods Historisch Museum › Portugese Synagoge › Rembrandthuis › Zuiderkerk › Nieuwmarkt

Karte: Seite 76

Dauer/Distanz: 4 Std. (ohne Museumsbesuche), ca. 6 km

Praktische Hinweise:

- Den Waterlooplein erreicht man mit der Metro Ⓜ **Waterlooplein**.
- Der Begijnhof ist tgl. von 8–17 Uhr geöffnet; am wenigsten Betrieb herrscht dort am Morgen gleich nach Öffnung.

Tour-Start:
Amsterdam Museum 14 ⭐ [E3]

750 Jahre Stadtgeschichte werden hinter den schiefen Mauern des ehemaligen Waisenhauses spannend erzählt. Modernste Multimedia-Einrichtungen lassen die Vergangenheit der Stadt lebendig werden und dokumentieren die Entwicklung Amsterdams von der mittelalterlichen Kleinstadt zur modernen Metropole. Auch die Beziehung zum Königshaus und Aspekte der Stadterweiterung werden thematisiert. Für den Besuch des historischen Museums sollte man sich mind. zwei Stunden Zeit nehmen, denn die vielen Exponate füllen 20 Räume (Sint Luciënsteeg 27/Kalverstraat 92, Tel. 020/523 18 22, www.ahm.nl, tgl. 10–17 Uhr, 12,50 €, 5–18 Jahre 6,50 €).

Witzig ist ein Detail auf einem der Ölgemälde in Saal 12: Es zeigt die wohlgenährten Handelsherren in der Skulpturengalerie der Künstlervereinigung Felix Meritis zwischen klassischen griechischen Statuen. Die Blöße der nackten Männerfiguren hat der Maler mit Efeublättern verhüllt.

Vom ehemaligen Mädchenhof des Waisenhauses biegt linker Hand die hohe verglaste **Schuttersgalerij** (Schützengalerie) ab, eine auch vom Begijnensteeg erreichbare frei zugängliche »Museumsstraße«. Hier hängen originale Gruppenporträts, die zwischen 1530 und 2007 gemalt wurden. Am Ende der Galerie steht der hölzerne Riese Goliath, der über 350 Jahre alt ist.

Ein Farbenrausch und mehr als ein Hingucker ist schließlich die Textilcollage »My Town: A Celebration of Diversity« der Künstlerin Barbara Broekman, auf der in Form eines 40 m langen ❗ Patchworkteppichs alle Nationalitäten vertreten sind, die in der Stadt wohnen – und das sind sage und schreibe 179!

In die Eingangsfassade des Museums sind **historische Giebelsteine** eingelassen, die vor der Einführung von Hausnummern ein Gebäude identifizierten.

Begijnhof 🔳15 ⭐ [E3]

Über einen kleinen Durchgang und ein paar Treppenstufen können müde Touristen zur Erholung in das Idyll des Beginenhofs eintauchen. Seit dem 14. Jh. wohnten in den schmalen dreistöckigen Häusern um die Engelse Kerk die Beginen, ledige Frauen oder Witwen, die nach strengen Regeln als Laienschwestern lebten, ohne ein Gelübde abgelegt zu haben. Das schlichte Houtenhuis im Begijnhof Nr. 34 ist das älteste erhaltene Holzhaus der Niederlande. Heute sind die Wohnungen zumeist an ältere Frauen vermietet. Den Reiz des Begijnhof macht seine wohltuende Ruhe mitten im Trubel der Innenstadt aus. Für die Bewohnerinnen ist der Touristenandrang jedoch zu einer enormen Belastung geworden.

Gegenüber der Engelse Kerk ist hinter der Fassade eines Wohnhauses eine römisch-katholische Geheimkirche versteckt.

Shopping

In der Spuistraat reihen sich gut besuchte Restaurants und originelle Läden aneinander. Das weiße Haus auf

Nr. 274 ist ein hervorragendes Beispiel für den Amsterdamer Jugendstil; im Verkaufsraum der **Bakkerij** aus dem Jahr 1898 verdienen die alten Kacheln sicher ebenso viel Aufmerksamkeit wie die leckeren »broodjes«.

Nightlife

Die Musikbar **Bitterzoet** ist ein angesagtes Podium für aufstrebende DJs, Bands und Musiker mit innovativen Konzepten. In täglich wechselnden Auftritten präsentieren sie sich einem kundigen Publikum. Oben im Theatersaal werden darüber hinaus experimentelle Produktionen vorgestellt.
• Spuistraat 2 | www.bitterzoet.com So–Do 20–3, Fr/Sa bis 4 Uhr.

Spui 16 [E3]

Laut und lebhaft wird es draußen auf dem Spui. Hinter einem Blumenpavillon führt die Kalverstraat in einer Linkskurve zum Muntplein. Hier endet Amsterdams kommerzielle Hauptschlagader am Fuß des **Munttoren** 17 [E3], des ehemaligen Münzturmes. Im 15. Jh. war er der westliche Verteidigungsturm der mittelalterlichen Stadt und hieß Reguliersspoort. 1672 erhielt der Turm einen neuen Namen, als die Stadt dort Münzen prägen ließ, um den Krieg gegen England, Frankreich, Münster und Köln zu finanzieren. Das Glockenspiel des Munttoren ertönt tgl. alle 15 Minuten, freitags von 11–12 Uhr erklingt ein kleines Carillon-Konzert.

Singel ⭐ [E3]

Zwischen Muntplein und Koningsplein schaukeln schwimmende Blu-

Christusstatue im Begijnhof

menläden in der langen Gracht Singel › **S. 93**. ❗ Zu jeder Jahreszeit und bei jedem Wetter verkaufen die Händler des fotogenen **Bloemenmarkt** Blumen, Sämereien und Zwiebeln der beliebtesten Tulpensorten.

Allard Pierson Museum 18 [E3]

Über den Boulevard Rokin oder die Nieuwe Doelenstraat erreicht man das archäologische Museum der Universität Amsterdam: Grabungsfunde aus Ägypten, Mesopotamien, dem antiken Griechenland, Sizilien und Zypern machen das Museum zu einer wahren Schatzkiste antiker Mythologien (Oude Turfmarkt 127, Tel. 020/525 25 56, http://allardpiersonmuseum.nl, tgl. 10–17 Uhr, 10 €, 4–16 Jahre 5 €).

Reizvolle architektonische Kontraste am Boulevard Rokin

Waterlooplein und Stopera 19 [F3]

Als Stopera, zusammengesetzt aus Stadhuis und Opera, bezeichnen die Amsterdamer ihr modernes Mehrzweck-Rathaus. Das halbrunde Muziektheater mit 1600 Plätzen hat hier seinen Sitz. Weil vielen der Entwurf des Architekten Cees Dam zu progressiv war, hat ihn der Österreicher Wilhelm Holzbauer modifiziert. Nach Abschluss der Bauarbeiten im Jahr 1988 beliefen sich die Kosten für das Projekt auf umgerechnet mehr als 125 Mio. € (Amstel 3, Ticketverkauf Tel. 020/625 54 55, www.het-muziektheater.nl).

Im Boden der Stadhuispassage ist ein Bronzeknopf eingelassen. Es handelt sich um den Normaal Amsterdams Peil, kurz NAP genannt.

Von diesem Nullpunkt aus werden in fast allen Ländern Europas die Höhenangaben berechnet. Neben dem Eichpunkt ragen drei Glassäulen aus dem Boden. Das darin befindliche Wasser zeigt den aktuellen Pegel des Meeres bei Vlissingen und IJmuiden an. Schnell wird anhand dieser Säulen jedem klar, dass Amsterdam ohne Wasserstandsregulierung versinken würde.

Altes Jüdisches Viertel

Von Amsterdams altem jüdischem Viertel, das sich im Areal zwischen Houtkopersburgwal und der Binnen-Amstel erstreckte, ist nicht viel erhalten geblieben; der Bau der U-Bahn und der Ausbau der Valkenburgerstraat haben große Teile der alten Struktur zerstört. Zwar gibt es heute wieder eine aktive jüdische Gemeinde, die die größte des Landes ist, von dem jüdischen Viertel jedoch existieren nur noch ein paar Sehenswürdigkeitem – die jedoch sind äußerst aussagekräftig.

Joods Historisch Museum 20 ★ [F3]

Das sehr informativ und ansprechend gestaltete Jüdische Museum mit seinen regelmäßigen Sonderausstellungen wurde seit seiner Eröffnung 1987 vielfach ausgezeichnet. Es erklärt die Rituale, Symbole und religiösen Tabus in einem jüdischen Haushalt auf eine auch für Kinder sehr gut verständliche Weise. Die Sammlung zu Geschichte und Inhalten des niederländischen Judentums ist in vier ehemaligen, durch Glasgalerien miteinander ver-

bundenen Synagogen aus dem 17./
18. Jh. untergebracht. Die Sammlung stellt die bedeutendste ihrer Art
außerhalb Israels dar (Nieuwe Amstelstraat 1, Tel. 020/531 03 80, www.
jhm.nl, 15 €, 13–17 Jahre 7,50 €, bis
12 Jahre 3,75 €; das Ticket gilt für
alle jüdischen Sehenswürdigkeiten,
auch für Portugese Synagoge und
Ets-Haim-Bibliothek).

Mit dem Denkmal **De Dokwerker**
von Mari Andriessen am Jonas Daniël Meijerplein wird an das Schicksal jener Hafenarbeiter gedacht, die
am 25. Februar 1941 gegen die geplante Deportation jüdischer Mitbürger streikten. Die deutschen Besatzer schlugen die Proteste mit
Waffengewalt nieder.

Innenraum der Portugese Synagoge

Portugese Synagoge 21 [F3]
Die Synagoge im Rücken des Dok-
werker-Denkmals vollendete Elias
Bouman 1675. Bauherrin war die

Juden in Amsterdam
Mokum, der jüdische Name für Amsterdam, bedeutet »Platz« oder »Zentrum«.
Auf der Flucht vor der Inquisition waren um 1600 die ersten portugiesischen
Sepharden in die liberale Handelsstadt an der Amstel gekommen. Bald folgten
ihnen Juden aus Osteuropa und dem Deutschen Reich. Hier mussten sie keine
Abzeichen ihres Glaubens tragen. Ihre Häuser durften innerhalb der schützenden
Stadtmauern stehen. Doch die Amsterdamer Liberalität hatte Grenzen: Juden
durften nicht den Gilden beitreten, einige Berufe waren ihnen verschlossen. An-
fänglich mussten sie ihre Waren an Straßenständen feilbieten. Der Flohmarkt auf
dem Waterlooplein war ursprünglich der Markt des jüdischen Viertels. 1740 gründete die jüdische Gemeinde in der Rapenburgerstraat 109 das Beth Hamidrash
Ets Chaim, ein dem Studium jüdischer Gesetzestexte und ihrer Kommentare ge-
weihtes Haus. Nach der Französischen Revolution galt 1789 auch in Amsterdam
»gleiches Recht für alle«, doch die Situation der jüdischen Handwerker, Händler
und Tagelöhner verbesserte sich erst gegen Ende des 19. Jhs.: In den Diamantenschleifereien waren geschickte Arbeiter gefragt. Die jüdischen Handwerker gingen
in die Fabriken. Wer konnte, verließ das jüdische Viertel um die Jodenbreestraat
und zog in eines der Häuser an der Nieuwe Herengracht. 1916 begann die Stadtverwaltung, die verwahrlosten Häuser auf der Insel Uilenburg abzureißen. Mit
der Besatzung durch die deutsche Wehrmacht brach das Unheil über die jüdische
Gemeinde herein: 80 000 Menschen wurden in KZs deportiert.

Vereinigung Amsterdamer Juden mit portugiesischen und spanischen Wurzeln.

Die Synagoge, Esnoga genannt, gilt mit ihrem imposanten hölzernen Tonnengewölbe als größte Synagoge der Welt. Sie diente vielen weiteren jüdischen Gotteshäusern als Vorbild. In den letzten Jahren mit viel Aufwand renoviert, gewährt der Komplex interessante Einblicke in die jüdische Glaubenswelt (Mr. Visserplein 3, Tel. 020/531 03 80, www.portugesesynagoge.nl, Feb.–Nov. So bis Do 10–17, Dez./Jan So–Do bis 16, Fr Mai–Aug. bis 17, Sept./Okt./März bis 16, Nov.–Feb. bis 14 Uhr; an vielen christl. und jüd. Feiertagen geschl.; Eintritt mit dem Ticket fürs Joods Historisch Museum).

Einen kostbaren Schatz stellt die zum UNESCO-Weltkulturerbe zählende **Ets-Haim-Bibliothek** dar. Als älteste jüdische Bücherei der Welt dokumentiert sie aus unterschiedlichen Perspektiven die Geschichte der jüdische Kultur und deren Integration (nach Voranmeldung: Tel. 020/531 03 98, www.etshaim.nl).

Mozes en Aäronkerk 22 [F3]

Den östlichen Abschluss des Waterlooplein bildet die zwischen 1783 und1841 errichtete neoklassizistische Kirche, die das Wohnhaus eines reichen jüdischen Amsterdamers war und ab 1641 als katholische »Schlupfkirche« genutzt wurde. Seit 1991 fungiert sie als Begegnungsstätte. Angeblich steht sie dort, wo der jüdische Philosoph, Religions- und Bibelkritiker Baruch Spinoza (1632–1677) geboren wurde.

Rembrandthuis 23 ⭐ [F3]

Über die Jodenbreestraat erreicht man das historische Rembrandthuis mit seinem modernen Museumsflügel. Rund 250 Radierungen und Zeichnungen des Malers sowie Werke seines Lehrmeisters und seiner Schüler sind dort zu bewundern (Jodenbreestraat 4–6, Tel. 020/520 04 00, www.rembrandthuis.nl, tgl. 10–18 Uhr, 13 €, 6–17 Jahre 4 €).

1639 zog Rembrandt mit seiner wohlhabenden Frau Saskia in das stattliche Haus im damaligen Judenviertel, für das er stolze 13 000 Gulden gezahlt hatte. Saskia starb 1642 mit 29 Jahren. Rembrandts Liebe zu Hendrikje Stoffels wurde 1654 mit der Geburt der gemeinsamen Tochter Cornelia offenbar. Weil im Fall einer zweiten Heirat Saskias Vermögen dem Sohn Titus zugefallen wäre, Rembrandt das Geld aber für seinen eigenen Unterhalt, seine Kunstsammlung und Spekulationen mit Tulpenzwiebeln brauchte, lebte er mit Hendrikje »in Sünde«.

Er fiel bei der Reformierten Kirche in Ungnade und verlor 1656 Vermögen, Haus und Kunstschätze sowie 70 Gemälde. Er zog in ein kleines Haus in der Rozengracht, wo er bis zu seinem Tod 1669 lebte.

Mehr als 1000 Werke schrieb man im 19. Jh. noch dem Meister zu. Ein Projekt des Kunsthistorischen Instituts Amsterdam jedoch hat inzwischen mittels technischer Analysen das Werkverzeichnis auf ca. 300 authentische, überwiegend von Rembrandt selbst geschaffene Gemälde reduziert.

Kneipen mit Patina

Nach Feierabend schätzt der Amsterdamer die *gezelligheid* – was liegt da näher als eine Runde in einem Bruine Café um die Ecke? Braune Cafés sind eine Institution in der Grachtenstadt: laut und voll, gemütlich und offen für jedermann. Sie dienen als Stammkneipe und Infobörse, Wärmestube und Flirtzentrale, zweite Heimat und längst auch als Sehenswürdigkeit.

Bierseliges Gedränge

Oft stehen Broker, Touristen und die halbe Nachbarschaft Seite an Seite mit einem Bier in der Hand auf der Straße, denn drinnen im **Café Hoppe** ist kein Zentimeter Platz.

Sand auf dem Boden, harte Drinks an der Theke: Im **Karpershoek** setzt man auf Tradition. Die Seemannskneipe besteht seit 1629.

Das **Papeneiland** im Jordaan ist berühmt für seinen hausgemachten Apfelkuchen und sein seit über 300 Jahren unverändertes Interieur.

Im nur 18 m² großen **Café t' Doktertje** ließen sich einst sogar die frommen Beginen mit einem *biertje* therapieren …

- **Café Hoppe** [E3]
  Spui 18 | So–Do 8–1, Fr/Sa bis 2 Uhr
- **Karpershoek** [E2]
  Martelaarsgracht 2
  So–Do 9–1, Fr/Sa bis 2 Uhr
- **Papeneiland** [E1]
  Prinsengracht 2
  Mo–Do 10–1, Fr/Sa bis 3, So 12–1 Uhr
- **'t Doktertje** [E3]
  Rozenboomsteeg 4
  Di–Sa 16–1 Uhr

Theken-Niederländisch

- **Kopstootje:** junger Jenever plus Bier
- **Borrel:** Schnäpschen
- **Hassebassie:** junger oder alter Jenever

Zuiderkerk: Blick auf den Groenburgwal

Zuiderkerk 24 [F3]

Die Sint Antoniesbreestraat führt auf den 80 m hohen Turm der profanierten Südkirche zu. Durch ein Renaissancetor, dessen Giebel ein Totenkopf ziert, betritt man den ehemaligen Südfriedhof, auf dem jetzt rund 2000 Wohnungen stehen.

Am Kirchenportal erinnert eine Tafel an die mehr als 20 000 Amsterdamer, die während der Kriegsjahre umkamen. Im Hungerwinter 1944/1945 diente die Zuiderkerk als Leichenhalle für die Opfer.

Heute beherbergt sie Ausstellungen zur Stadtentwicklung und die städtische Wall of Fame, auf der prominente Mitbürger wie der Fußballer Johan Cruiff oder Bürgermeister Job Cohen geehrt werden. Vom Turm bieten sich schöne Blicke (Zuiderkerkhof 72, http://zui

derkerkamsterdam.nl, Mo–Fr 9–17, Sa 12–16 Uhr; Glockenspiel So 16 bis 17 Uhr).

Nieuwmarkt mit Waaggebouw 25 [F3]

Stadteinwärts erreicht man nach wenigen Minuten den Nieuwmarkt. Sein Blickfang ist das **Waaggebouw** mit seinen sieben Türmen, ursprünglich ein Teil der Stadtbefestigung. Als Amsterdam sich ausdehnte, funktionierte man das Tor 1617 zur Waage um; im Obergeschoss befand sich das Zunfthaus. Jede Gilde besaß einen eigenen Eingang zu den Versammlungsräumen.

Die Zunftkammer der Maurer ist der hl. Barbara gewidmet und im Originalzustand erhalten. Im 17. Jh. trafen sich hier die Chirurgen zu anatomischen Vorlesungen, bei denen auch Rembrandt häufig anwesend war. Seine Eindrücke gibt das Bild »Die Anatomievorlesung von Dr. Nicolaes Tulp« von 1632 wieder (Mauritshuis, Den Haag). Heute beherbergt das geschichtsträchtige Gebäude im Erdgeschoss ein Restaurant und im Obergeschoss ein Medienzentrum.

Zwischenstopp: Restaurant
Historisches Flair verbreitet das Restaurant/Café **In de Waag** ➊ €€€ [F3], wo unter riesigen Kerzenleuchtern Snacks und Menüs aus überwiegend biologischen Zutaten serviert werden.
• Nieuwmarkt 4 | Tel. 020/74 22 77 22 www.indewaag.nl | Tgl. 9–23 Uhr

Der Turm der Westerkerk ist mit 85 m der höchste Kirchturm Amsterdams

GRACHTEN-GÜRTEL

Kleine Inspiration

- **Den Rundblick über die Stadt genießen** vom Turm der Wester-kerk aus › S. 94
- **Einen Cappuccino trinken** im Wohnzimmer des Woonboot-museums und sich wie bei Freunden fühlen › S. 96
- **Sich über die Enstehung des Grachtengürtels informieren** im Het Grachtenhuis › S. 97
- **Den Garten bewundern** des Museum Van Loon › S. 99
- **Westliche Kulturgeschichte bestaunen** im Tassenmuseum › S. 99
- **Im Tuschinski Theater in einer Loge sitzen** und einen Hollywood-Kinoschlager anschauen › S. 104

Seinen Beinamen »Venedig des Nordens« verdankt Amsterdam in erster Linie den prächtigen Kanälen des Grachtengürtels, der im 17. Jahrhundert angelegt wurde.

Die drei bogenförmigen Wasseravenuen der Heren-, Keizers- und Prinsengracht sind ein weltweit einzigartiges bauliches Gesamtkunstwerk: Amsterdam verdankt es vermutlich dem Stadtarchitekten Daniël Stalpaert (1615–1676), der entschied, den ab 1612 geplanten Grachtenring zu erweitern.

Wohnliche Eleganz, gediegener Geschäftssinn und ein Hauch unbekümmerter Lebensfreude prägen die bunten Fassadenreihen, die Giebelpanoramen und die – je schmäler, desto reicher verzierten – Portale der Grachtenhäuser. Im 17. Jh. wurden viele der Gebäude als Wohn- und Lagerhäuser gleichermaßen genutzt, ihr Takelbalken im Giebel kommt heute noch bei jedem Umzug zum Einsatz. Inzwischen ist der Grachtengürtel ein begehrtes Wohn- und Geschäftsviertel. Beim Spaziergang von der Brouwersgracht im Nordwesten bis zur Magere Brug an der Amstel drängen sich originelle Geschäfte, wichtige Museen, Banken und Bürogebäude.

Von seiner schönsten Seite präsentiert sich der Grachtengürtel bei einer Bootsrundfahrt › **S. 98** – vom Wasser aus. Jede Nacht wird das Wasser aller Kanäle mit Nachschub aus dem IJsselmeer aufgefrischt.

Beim Bummel durch das interessante Spiegelkwartier heißt es die Augen offen zu halten: Die Auslagen der Galerien und der noblen Antiquitätengeschäfte ziehen die Blicke genauso auf sich wie die stolzen alten Grachtenhäuser mit ihren Giebelsteinen.

Stattliche Patrizierhäuser am Goldenen Bogen der Herengracht

Unterwegs im Grachtengürtel

 ### Giebeldefilee am Wasser

**Verlauf: Nördlicher Grachten-
gürtel › Tulpenmuseum › Anne-
Frank-Huis › Westerkerk › Negen
Straatjes › Leidseplein › Spiegel-
kwartier › FOAM › Museum Van
Loon › Tassenmuseum › Museum
Willet-Holthuysen › Amstel-
brücken › Hermitage Amsterdam ›
Rembrandtplein › Tuschinski
Theater**

Karte: Seite 76
Dauer/Distanz: 6 Std. (ohne
Museumsbesuche), ca. 8 km
Praktische Hinweise:
• Bootsrundfahrten durch den Grach-
tengürtel starten im Stundentakt
an der Prins Hendrikkade vor der
Centraal Station.
• Canalbikes und Ruderboote kann
man an der Weteringschans stun-
denweise mieten. Das Anne-Frank-
Huis sollte man abends besuchen,
wenn die Schlangen kürzer sind.

Tour-Start:
Nördlicher Singel [E2–E3]
Direkt hinter dem Koninklijk Paleis
› S. 74 führt die Raadhuisstraat nach
Westen zum Singel. Im 17. Jh.
wohnte dort im Haus Nr. 140–142
ein Mann, der es sich nie hätte träu-
men lassen, dass ihm 300 Jahre später Abermillionen Menschen auf
den Schnurrbart starren würden:

Hauptmann Frans Banning Cocq ist
der Kommandant mit dem flotten
Hut und der roten Schärpe auf
Rembrandts weltberühmter monu-
mentaler »Nachtwache« (wieder am
angestammten Platz zu bewundern
im Rijksmuseum › S. 118).

Am Nordende des Singel ist die
Kuppel der **Koepelkerk** ein markan-
ter Blickfang. Die 1668–1671 im
Auftrag der lutherischen Gemeinde
erbaute Kirche wird heute als Kon-
gresszentrum genutzt und gehört
zum Renaissance Amsterdam Hotel
der Marriott-Kette.

Amsterdam
Tulip Museum 26 [D2]
Über Heren- und Leliegracht erreicht man das winzige Tulpenmuseum. Es dokumentiert die Geschichte der berühmtesten Blume
der Niederlande von ihren Ur-
sprüngen als Wildpflanze bis zur
heutigen Massenkultivierung. Im
Museumsshop kann man neben
Mitbringseln mit Tulpenmotiven
auch Zwiebeln von Tulpenraritäten
erwerben (Prinsengracht 116, Tel.
020/421 00 95, www.amsterdamtu
lipmuseum.com, tgl. 10–18 Uhr,
5 €, Schüler, Studenten 3 €).

Zwischenstopp: Restaurant
The Pancake Bakery 2 € [E2] ist
eine Institution für Schleckermäuler, die
einen schönen dicken Pfannkuchen ver-
tragen können. **50 Dinge** ⑭ › S. 13.
• Prinsengracht 191 | www.pancake.nl
Tgl. 9–21.30 Uhr

Anne-Frank-Huis 27 ⭐ [D2]

Schräg gegenüber, auf der anderen Seite der Gracht, reihen sich Tag für Tag Besucher aller Länder geduldig in die Warteschlange vor der Prinsengracht Nr. 263 ein, um durch eine als Schrank getarnte Tür zu treten. Dahinter lag das Versteck des jüdischen Mädchens Anne Frank und seiner Familie aus Frankfurt am Main. Die 14-Jährige schrieb in diesem Hinterhaus ab Juli 1942 ihr bewegendes Tagebuch, bis die Familie im August 1944 an die Nazis verraten wurde. Nur der Vater Otto Frank überlebte das Konzentrationslager Bergen-Belsen. Anne starb dort im März 1945. Im Vorder- und Hinterhaus erhalten Besucher in mehreren Ausstellungen einen facettenreichen Einblick in das Leben der Kaufmannsfamilie Frank (Tel. 020/556 71 00, Ticketkauf und Infos: www.annefrank.org, April–Okt. tgl. 9–22, Nov.–März tgl. 9–19, Sa bis 21 Uhr, letzter Einlass 30 Min. früher, 9 €, 10–17 Jahre 4,50 €).

Westerkerk 28 [D2]

Bei schönem Wetter belohnt die herrliche Aussicht vom 85 m hohen Turm der nahen Westerkerk, dem **Westertoren,** für den etwas mühevollen Aufstieg.

Den »mooie oude Wester« schmückt die rot-weiß-blau-goldene Krone Maximilians I. von Österreich, der die aufblühende Stadt 1489 unter seinen persönlichen Schutz stellte. Die Kirche wurde 1620–1631 nach Entwürfen des Architekten Hendrik de Keyser im Stil

der Renaissance erbaut. Der Turm ist ein Werk des berühmten Architekten Jacob van Campen. Seit seiner Renovierung Anfang der 1990er-Jahre erstrahlt der Bau wieder in der Pracht, in der ihn Rembrandt seinerzeit gesehen hat. Der verarmte Maler wurde 1669 in der Kirche bestattet, sein Grab konnte jedoch bislang nicht lokalisiert werden.

Dienstags erklingt ab 12 Uhr ein Konzert auf dem Glockenspiel; von April bis Oktober finden regelmäßig Orgelkonzerte statt (Prinsengracht/Westermarkt, www.westerkerk.nl, Mo–Fr 10–15, April–Nov. auch Sa 11–15 Uhr, Gottesdienst So um 10.30 Uhr, Turmbesteigung (ab 6 Jahre) Juni–Sept. Mo–Sa zwischen

Belebte Wasserstraßen

Über das rund 100 km lange Netz der Grachten zieht sich das maritime Flair des Seehafens durch die gesamte Altstadt. Etwa 70 Inseln sind beim Bau des dreireihigen Grachtengürtels im 17. Jahrhundert entstanden. Rund 400 Brücken verbinden allein im historischen Zentrum die Häuserzeilen. Noch heute läuft ein Teil des innerstädtischen Warentransports mit Schuten über die schmucken Kanäle. Vor 300 Jahren mussten Händler ihre Güter vor den Toren Amsterdams auf die flachen Kähne umladen, um sie in den Kontoren ausliefern zu können. Nur das Vieh durften sie durch die Kalverstraat auf den Markt treiben. Rollender Verkehr war in der Innenstadt verboten.

Fantasie am Bau

Der Blick nach oben ist reizvoll in Amsterdam: Prächtige Giebel und witzige Details schmücken die Fassaden. Baute man im 14. Jh. noch schlichte Spitzgiebel auf die Holzhäuser, so entwickelte sich mit dem wirtschaftlichen Aufschwung der praktische Schnabelgiebel, ein Spitzgiebel mit schornsteinartigem Aufbau für die Lagerhäuser. Elegante Varianten schmücken die Dachfronten der Grachtenresidenzen. Klassiker des frühen 17. Jhs. war der reich verzierte Treppengiebel. Schöne Beispiele dafür sind das Bartolottihuis in der Herengracht 170 oder das Haus in der Keizersgracht 123.

Im Goldenen Jahrhundert kam der schlanke Halsgiebel in Mode, zu bewundern u. a. am Haus Brouwersgracht Nr. 48. Dort stützen Delfine mit ihren Flossen den Giebel. Unter der Ägide italienischer Baumeister wurde diese Form zum eleganten Glockengiebel abgewandelt, (z. B. Singel Nr. 74). Üppig verzierte Simse, allegorische Figuren, Obstkörbe und Girlanden weisen auf den französischen Klassizismus des 18. Jhs. hin. Am Singel bilden die symmetrisch angelegten Häuser Nr. 66 und 68 ein für den Louis-Quinze-Stil typisches Ensemble. Die klaren Formen des Leistengiebels waren Ende des 19. Jhs. bei reichen Bauherren beliebt. Sie markieren das Ende der Entwicklung im Giebeldesign.

Wegen ihres harmonischen Gesamteindrucks und der individuellen Note gelten die Grachtenhäuser als Glanzpunkte der Backsteinarchitektur. Vor allem bei den Ensembles in der vornehmen Gouden Bocht an der Herengracht achtete der Magistrat streng darauf, dass man sich an die vorgeschriebene Höhe hielt. Da die Steuer abhängig von der Breite des Hauses und der Zahl der Fenster war, sind viele Häuser schmal und tief: Ein Standardhaus war 6 m breit. Nur die reichsten Herren leisteten sich 12 m Fassade. Die Qualität der Ziegel wurde gewissenhaft überprüft, denn im vornehmen Grachtengürtel sollte nur bauen, wer solides Material bezahlen konnte.

Das Wohnzimmer des Hausbootsmuseums ist im Stil der 1950er-Jahren eingerichtet

10 und 19.30 Uhr nur in Begleitung eines Guides, 7,50 €).

An der Rückfront der Westerkerk, direkt an der **Keizersgracht,** erinnert das **Homo-Monument** in Form dreier liegender Dreiecke aus rot gesprenkeltem Marmor an die homosexuellen Opfer der Besatzungszeit im Zweiten Weltkrieg und daran, dass Schwule heute in der Stadt ein ganz normales Leben führen können.

Woonboot- museum 29 [D3]

An der Prinsengracht ankert gegenüber von Hausnr. 296 der ehemalige Kiesfrachter »Hendrika Maria«, Baujahr 1914. An Bord des Hausbootmuseums erfährt man, dass sich Haushalt und Alltag auf dem Wasser nur wenig vom Leben an Land unterscheiden (Tel. 020/427 07 50, www.houseboatmuseum.nl, März bis Juni, Sept./Okt. Di–So 11–17, Juli/Aug. tgl. ab 10, Jan./Feb., Nov./Dez. Do bis So 11–17 Uhr, 4,50 €, bis 15 Jahre 3,50 €).

De Negen Straatjes [D3–E3]

Das Quartier zwischen Raadhuisstraat und Leidsegracht ist auf dem besten Weg, Amsterdams neue, schicke Shoppingmeile zu werden. Das trendige Angebot reicht von schrillen Handtaschen aus Recyclingmaterialien über angesagten Ethnoschmuck bis zum Wellnesstempel (www.theninestreets.com).

Im Anschluss an den Bummel durch seine bunten Warenwelten lohnt sich eine Visite im **Bijbels**

Kristallisationspunkt des Amsterdamer Nachtlebens: der Leidseplein

Museum **30** [E3], das sich auf sehr unkonventionelle Weise mit religiösen Themen beschäftigt (Herengracht 366–368, Tel. 020/624 24 36, www.bijbelsmuseum.nl, Di–So 11 bis 17 Uhr, 8,50 €, 5–18 Jahre 4,25 €).

Het Grachtenhuis **31** [E3]

Modelle und Videosimulationen informieren in diesem Museum über die Entstehung und Entwicklung des Grachtengürtels. Ganz nebenbei kann man durch die schmucken hohen Räume eines Grachtenhauses aus dem 17. Jh. flanieren und einen versteckten Garten erkunden (Herengracht 386, http://hetgrachtenhuis.nl, Di–So 10–17 Uhr, 12 €, 6–18 Jahre 6 €, online 10 bzw. 5 €).

Leidseplein **32** [D4]

Vor allem in den Abendstunden ist die Gegend um den Leidseplein am westlichem Ende der Leidsestraat ein beliebter Treffpunkt für Musik-, Theater-, Ballett- und Kneipen-

freunde. Traditionsreiche Clubs wie **Paradiso** › S. 50 und **Melkweg** › S. 50 oder das Jazzcafé **Alto** › S. 50 übertreffen einander mit Konzert-Highlights und schrägen Events, während in der **Stadsschouwburg** › S. 49 moderne sowie klassische Theaterstücke aufgeführt werden.

Last-Minute-Tickets erhält man online unter http://lastminuteticketshop.nl. Da die Amsterdamer sich auch im Theater oder bei Konzerten eher lässig kleiden, kann man kulturelle Höhepunkte in der Stadt ohne die zuhause übliche feine Garderobe genießen.

Zwischenstopp: Restaurant

Asiatisch inspirierte Suppenküchen sind in Amsterdam derzeit der gastronomische Renner. Und das **Wagamama** **3** €–€€ [D4], ein Ableger der gleichnamigen Schnellrestaurantkette, die seit 1992 in London gehobenes japanisches Fastfood anbietet, zählt zweifellos zu den besten Nudelbars der Stadt mit einer weiteren Filiale im Zentrum in der Amstelstraat 8 [F3].

• Max Euweplein 10
www.wagamama.nl
So–Do 12–22, Fr/Sa bis 23 Uhr

Spiegelkwartier [E4]

Die prächtigsten und breitesten Gebäude des Grachtengürtels stehen in der **Gouden Bocht** 33 [E4], dem Goldenen Bogen der Herengracht zwischen Leidsegracht und Vijzelstraat. Dort ließen sich die Aristokraten, Bankiers und Handelsherren des 17. Jh. repräsentative Paläste errichten.

Die Bezeichnung Spiegelkwartier für den zentralen Abschnitt des Grachtengürtels zwischen Leidse- und Reguliersgracht leitet sich übrigens von den vielen hier ansässigen Antiquitätengeschäften ab. Inzwischen bereichern auch Galerien mit moderner Kunst und bedeutende Museen das malerische Viertel.

Es lohnt sich, hier auf die Giebelsteine der Häuser zu achten. Sie ersetzten früher die Hausnummern und gaben oft auch Auskunft über den Beruf des Erbauers. Als Repräsentant der französischen Besatzungsmacht war Louis Bonaparte vom Witz und Symbolgehalt der steinernen Adressangaben überfordert: Er ließ daraufhin Straßennamen und Hausnummern einführen.

SEITENBLICK

Grachtenrundfahrten 5

Seit 600 Jahren sind die Amsterdamer auf dem Wasser mobil. Entsprechend ist eine Stadterkundung auf dem Wasserweg eine ebenso bequeme wie reizvolle Ergänzung zum individuellen Stadtspaziergang: Grachtenrundfahrten in flachen Booten mit Glasdächern gibt es fast rund um die Uhr. Startpunkte sind die Reederei-Anleger an der Prins Hendrikkade vor der Centraal Station, an der Leidsekade und an der Stadhouderskade vor dem Rijksmuseum. Im Stundentakt ziehen die Boote ihre Runden. Wer den Kopf in den Nacken legt, erblickt zwischen den Linden und Ulmen manch schöne Fassade. Vom Wasser aus fällt die Vorwärtsneigung vieler Grachtenhäuser besonders ins Auge. Diese Konstruktion bewirkte, dass Lasten beim Hochhieven nicht gegen die Wand schlugen.

Die Schiffe passieren den offiziellen Wohnsitz des Bürgermeisters – seit 2010 Eberhard van der Laan von der sozialdemokratisch ausgerichteten Partij van de Arbeid – in der Herengracht 502. Besonders beliebte Fotomotive sind die Brückenlandschaft der Leidsegracht und die malerischen Hausboote, von denen etwa 2500 an der Amstel und an den Grachten festgemacht haben. Natürlich fehlt bei den Erläuterungen, die in 20 Sprachen vom Tonband kommen, auch der Hinweis auf das schmalste Haus der Welt am Singel Nr. 7 nicht. Es ist – zumindest an der Rückseite – nur 1 m breit.

Empfehlenswert sind Rundfahrten am späten Nachmittag oder eine der vielen Thementouren, die angeboten werden. An Bord drängen sich dann deutlich weniger Passagiere und die Texte der Führungen sind ungleich spannender.

Wer eine Zeitreise ins 17., 18. oder 19. Jh. unternehmen und dabei einen indiskreten Blick auf die Lebensgewohnheiten der Amsterdamer Patrizier werfen will, wird hier fündig: Im südlichen Grachtengürtel wurden diverse Museen zum Thema Wohnkultur und Innenausstattung eingerichtet.

Auch Gartenfreunde kommen hier auf ihre Kosten. Hinter den Häusern verbergen sich wunderschöne, lang gestreckte Gärten. In der dicht bebauten Amsterdamer Innenstadt stellten sie einen ungeheuren Luxus dar und dienten daher als Repräsentationsobjekt. Jedes Jahr am dritten Juniwochenende stehen etwa 30 dieser Gärten jeweils von 10–17 Uhr zur Besichtigung offen. Das Ticket kostet im Vorverkauf 18 € und ist drei Tage gültig (Infos unter www.opentuinendagen.nl; Ticket-Vorverkauf: https://webshop.museumvanloon.nl/tickets).

Sightseeing im Grachtenboot

FOAM 34 [E4]

Zwischen Vijzelstraat und Reguliersgracht präsentiert das Fotografiemuseum Amsterdam in wechselnden Ausstellungen Raritäten in Schwarz-Weiß, darunter spektakuläre Dokumente der Zeitgeschichte, ästhetische Bildexperimente und originelle Schauen mit den Arbeiten weltberühmter Fotokünstler und Fotoreporter. Zudem kann man dort hochwertige Abzüge von berühmten Bildern in limitierter Auflage kaufen (Keizersgracht 609, Tel. 020/551 65 00, www.foam.nl, tgl. 10 bis 18, Do/Fr bis 21 Uhr, 11 €, ermäßigt 8,50 €, Kinder bis 12 Jahre frei).

Museum Van Loon 35 ⭐ [E4]

Schräg gegenüber, auf der anderen Seite der Keizersgracht, dokumentiert das Museum im Patrizierhaus Nr. 672 den Lebensstil reicher Amsterdamer Kaufleute. In den Räumen glänzen vergoldete Möbel im Louis-Quinze-Stil; die Wände zieren Porträts der städtischen Prominenz des 17. Jhs. Der Museumsgarten an der Gracht ist ein Juwel. Im Garten und im Kutschhaus werden Kaffee, Tee und Kuchen serviert, und kostenloses WLAN gibt es auch (Tel. 020/624 52 55, www.museumvanloon.nl, tgl. 10–17 Uhr, 9 €, 6–12 Jahre 5 €).

Reizvolle Fotomotive bietet die **Reguliersgracht,** wo sich ❗ sieben Brückenbögen hintereinander im Wasser spiegeln.

Tassenmuseum Hendrikje 36 ⭐ [E4]

Nicht um Porzellan geht es hier, sondern um die schicksten Accessoires aus fünf Jahrhunderten. In den Vitrinen des Handtaschenmuseums gibt es viel zu bestaunen:

Kaiserkronen zieren die Blauwbrug

Rund 4000 Hochzeitsbeutel, Bügeltaschen, Citybags, Rucksäckchen, Geldstrümpfe, Almosenbeutelchen und Raritäten erzählen die westliche Kulturgeschichte aus einer recht eigenwilligen Perspektive. Die Schätze sind in einem prächtigen Grachtenhaus aus dem 17. Jh. untergebracht. Zwei Salons mit Deckenmalereien und Kaminen aus dem 17. und 18. Jh. können ebenfalls besichtigt werden.

Im **Museumsshop** wird eine Auswahl an Taschen und Lederwaren niederländischer und internationaler Designer angeboten. Frisch geweckte Konsumwünsche können also gleich an Ort und Stelle exklusiv befriedigt werden.

Auf der Rückseite des Gebäudes befindet sich ein stimmungsvolles **Museumscafé**, von dem man einen sehr schönen Blick über den historischen Garten des Museums genießt (Herengracht 573, Tel. 020/ 524 64 52, www.tassenmuseum.nl, tgl. 10–17 Uhr, 12,50 €, 7–12 Jahre 3,50 €, 13–18 Jahre 7,50 €).

Museum Willet-Holthuysen 37 ★ [F4]

Wer Lust hat, kann hier die Eindrücke aus dem Museum Van Loon › S. 99 mit der originalen Einrichtung eines Bürgerhauses aus dem 19. Jh. vergleichen. Frau Willet-Holthuysen schenkte das Haus, das zwischen der Utrechtsestraat und der Amstel liegt, der Stadt. Ein Zimmer im Erdgeschoss schmückt ein Deckengemälde von Jacob de Wit (etwa 1740), in den anderen Räumen sind von Abraham Willet gesammelte Zeichnungen, Stiche, vergoldete Bierkrüge, Keramik, seltene Gläser und silberner Zierrat ausgestellt. Der im traditionellen französischen Stil angelegte idyllische Hausgarten ist eine Oase der Ruhe im Trubel der Stadt (Herengracht 605, Tel. 020/523 18 22, www.willet holthuysen.nl, Mo–Fr 10–17, Sa/So ab 11 Uhr, 9 €, 5–18 Jahre 4,50 €).

Amstelbrücken

Den stimmungsvollen Abschluss des zentralen Grachtengürtels bildet das Brückenidyll an der Amstel: Während die mit Kaiserkronen und blauen Laternen verzierte **Blauwbrug** [F3] sich solide über den Fluss spannt, ist die filigrane Konstruktion der **Magere Brug** 38 ★ [F4] ein Stück ländliche Vergangenheit, mit der sich die Kapitäne arrangieren müssen. Mühsam manövrieren sie ihre Boote durch die schmale Passage. Die Zugbrücke, 1672 errichtet, war so schmal, dass zwei Fußgänger nur knapp aneinander vorbei gehen konnten. Später hat man die »magere« Brücke deutlich verbreitert, und 1929 sollte sie durch eine moderne Konstruktion ersetzt werden. Nach langen Diskussionen entschied man sich jedoch für eine **!** weiß lackierte, nachts beleuchtete Rekonstruktion, die tausendfach fotografiert wird.

Die Magere Brug

Hermitage Amsterdam 39 ⭐ 6 [F4]

Nördlich der Magere Brug bezog 2009 die Dependance der weltberühmten Kunstsammlung in St. Petersburg den historischen Amstelhof, einst ein Heim für mittellose alte Frauen. In dem monumentalen klassizistischen Gebäudekomplex bieten helle Nischen, Lichtachsen und integrierte Beleuchtungssysteme den perfekten Rahmen für die wertvollen Exponate, die bei wechselnden Ausstellungen präsentiert werden. Das angenehme Café Neva (www.neva.nl) und der Garten vervollständigen den neuen Stern am Amsterdamer Museumshimmel (Amstel 51, Tel. 020/530 87 51, www.hermitage.nl, tgl. 10–17 Uhr, 17,50 €, ermäßigt 14 €, bis 11 Jahre frei).

Im nahen **Neerlandia Gebäude** (Nieuwe Herengracht 14) wendet sich die »Hermitage für Kinder« mit Workshops und speziellen Führungen an 4- bis 18-Jährige.

**⋮ Erst-
klassig**

Die schönsten Brücken

• Die filigrane hölzerne **Magere Brug** erinnert an die Zeit, als die Amstel noch eine sehr wichtige Handelsstraße war. › **S. 100**

• Allegorische Motive und Fabelwesen schmücken die über 200 **Brücken von Pieter L. Kramer,** etwa die Fußgängerbrücke am Eingang des Vondelparks. › **S. 115**

• In unterschiedlichen Formen verbinden moderne **Fußgängerbrücken** die Wohnquartiere auf Java-Eiland miteinander. › **S. 134**

• Gleich sieben Brückenbögen spiegeln sich in der **Reguliersgracht.** Einen der schönsten Blicke hat man vom Kreuzungspunkt mit der Keizersgracht. › **S. 99**

• Die preisgekrönte **Nesciobrug** überspannt auf einer Länge von 780 m und in 10 m Höhe im östlichen Stadtteil IJburg den Rheinkanal – für Radler und Fußgänger.

Stadtfeste und Hotspots des Nachtlebens

Während am Rembrandtplein die aktuellen Technobeats aus den Boxen der Clubs donnern, besinnen sich immer mehr Musikfans wieder auf die Vorzüge der Livemusik. Ein Blick in die Veranstaltungskalender zeigt: von Weltmusik und Garagenrock über Jazz-Improvisationen bis hin zu klassische Konzerten – es ist für jeden Geschmack etwas geboten. Die Zeiten, als die Szene sich abschottete und nur mit den richtigen Kontakten und dem richtigen Styling zugänglich war, sind vorbei. Heute ist wieder fast jeder willkommen in den Vergnügungsvierteln um den Rembrandt- und den Leidseplein oder im Kulturzentrum Westergasfabriek.

Aktuelle Events sind dem monatlich erscheinenden Veranstaltungsmagazin »Uitkrant« (niederländisch, gratis) und der Website www. iamsterdam.com zu entnehmen. Das Gratismagazin ist in Lokalen, Buchhandlungen und bei der Touristeninformation erhältlich.

Experimentelle Musik und Jazz

Seine grandiose Akustik, die prominente Lage am Hafen und ein erstklassiges Programm machen das **Muziekgebouw aan 't IJ** zum Treffpunkt der Musikenthusiasten. Auch bei den großen Festivals in der Stadt ist der futuristische Kasten als Veranstaltungsort gefragt.

Das **BIMhuis** direkt nebenan gehört inzwischen zu Europas wichtigsten Foren für Jazz-Musiker und ihre Fans. An jedem ersten Montag im Monat – außer im Juli und August – treffen sich dort Musiker und Tänzer, um gemeinsam auf der Bühne zu improvisieren.

- **Het Muziekgebouw aan 't IJ** [G2]
  Piet Heinkade 1 | Centrum
  Tel. 020/788 20 00
  www.muziekgebouw.nl
- **BIMhuis** [G2]
  Piet Heinkade 3 | Centrum
  Tel. 020/788 21 50 | www.bimhuis.nl

Angesagte Clubs

24 Stunden Spaß und Dröhnung garantieren die Clubs, Dancehalls und Kneipen rund um den Rembrandtplein. Zwar treten fast nackte Gogo-Tänzerinnen inzwischen in jeder Provinzdisko auf, doch für junge Reisende aus aller Welt sind die Nächte im **Escape,** dem populärsten Club der Niederlande, nach wie vor ein Erlebnis. Aber Vorsicht: Dort werden Drogen en masse verhökert.

Etwas höher liegt das Durchschnittsalter der Gäste im **Odeon,** wo auf zwei Etagen die Post abgeht.

Wer das Treiben rund um die Rembrandtstatue lieber bei einem Cocktail aus der Distanz beobachtet, ist hinter den hohen Fenstern des **Rain** richtig. An vier Tagen in der Woche gibt es Livemusik von House bis HipHop.

- **Escape** [E3]
  Rembrandtplein 11–15
  Grachtengürtel | www.escape.nl
  Do 23–4, Fr/Sa bis 5, So bis 4.30 Uhr
- **Odeon** [E3]
  Singel 460 | Grachtengürtel
  http://odeon.amsterdam/nl
  Do–Sa 19.30–5, So–Di bis 1,
  Mi bis 2 Uhr
- **Rain** [E3]
  Rembrandtplein 44 | Grachtengürtel
  www.rain-amsterdam.com
  Sa 18–4, sonst bis 23 Uhr

Kulturfestival

Der Sommerklassiker ist seit Jahren das Vondelpark **Openluchttheater** (Juni bis August). Fast täglich gibt es gratis Tanz, Kabarett und Livemusik, Performances, Partys und Jugendtheater bis 23 Uhr (Tel. 020/428 33 60, www.openluchttheater.nl).

Top Events

Laut, eng und fröhlich geht es zu, wenn zweimal im Jahr die ganze Stadt feiert: Der **Koningsdag** ist ein riesengroßer Kindergeburtstag in Orange. Wer nicht trinken, schunkeln und das Königshaus dreifach hochleben lassen will, geht am 27. April (und wenn der auf einen Sonntg fällt, wird am 26. gefeiert) besser nicht vor die Tür!

Als »Freudenhaus auf dem Wasser« ist die **Canal Parade,** der Hauptevent des Schwulenfestivals Amsterdam Gay Pride Ende Juli, eine Institution. Nackte Haut und wilde Kostüme drängen sich auf überladenen schwimmenden Objekten › **S. 69.** Eine politische Botschaft hat die Parade auch – aber die geht im Trubel unter.

Ein Fest in Orange ist der Koningsdag

Bekanntestes Kino der Niederlande: das Tuschinski Theater

Rembrandtplein 40 [E3]

Zurück über die Blauwbrug und die Amstelstraat zieht es vor allem junge Besucher: Sie sorgen für Trubel im Kneipenviertel rund um den Rembrandtplein. Der Platz, an dem früher der Buttermarkt abgehalten wurde, war von jeher ein Zentrum der Geselligkeit und des Amüsements. Bei Tage sind die Glasvorbauten und die Sitzgruppen aus Plastik rund um die namengebende Rembrandt-Statue keine Augenweide. Doch die In-Kneipen und Clubs, die Lounges, Discos, Cafés und Bars des Viertels sind immer sehr gut besucht. Zudem findet die überwiegend junge Traveller- und Partygemeinde dort die nötige Infrastruktur zum Chillen: Internet-Cafés und Fastfood-Kneipen.

Nur wenige Schritte entfernt richten die Lokale und Boutiquen in der **Utrechtsestraat** [F4] ihr fantasievolles Angebot an anspruchsvolle, meist einheimische Szenegänger.

Tuschinski Theater 41 [E3]

Mit dem Kinopalast in der Reguliersbreestraat 26 erfüllte sich Abraham Tuschinski, ein polnischstämmiger jüdischer Kinounternehmer, der 1942 in Auschwitz ermordet wurde, seinen Lebenstraum.

Nach Tuschinskis Wünschen entstand in den Jahren 1918–1921 ein Gebäude, dessen gewagter Stil von Fachleuten als Sonderform des Art déco gefeiert wird. Einmalig sind die Friese an der Außenwand, die dekorativen Krokodile neben den bronzenen Toren am Eingang, die »Spinnenlampe« mit den Pfauenmotiven und der prächtige, 150 m^2 große Teppich im Foyer.

Leider kann es das Kinoprogramm mit der Pracht seines äußeren Rahmens nicht aufnehmen (www.pathe.nl/tuschinski).

Ein Highlight des modernen Wohnungsbaus ist der »Containerstapel« Silodam

NORDWESTEN

Kleine Inspiration

- **Im Jordaan Giebelsteine deuten** und in einem Hofje die Zeit vergessen › S. 109
- **Im Bruine Café 't Smalle ein Bier trinken** oder zwei oder … › S. 111
- **Eine Partie Tennis spielen** auf den offenen Plätzen im alten Teil des Westerpark › S. 111
- **Die Skyline bei Sonnenuntergang genießen** auf dem Promenadedeck des Silodam › S. 112

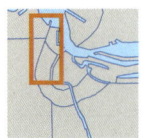

Erst Arbeiter und Matrosen, dann Studenten und Hausbesetzer, heute teuer, schick und kulturell lebendig: Der Jordaan ist ein Paradebeispiel der Gentrifizierung.

Jordaan ist die vernuschelte Version des französischen Wortes »jardin«, Garten. Das Viertel westlich des Grachtengürtels wurde um 1612 an der Stelle des alten Stadtgartens als Wohnquartier für die in die aufstrebende Stadt strömenden Arbeiter und Handwerker gebaut, für Matrosen und Schreiner, die auf den Schiffen der Vereenigde Oostindische Compagnie (VOC) Arbeit fanden. In den 1970er-Jahren eroberten Studenten, Jungunternehmer, Künstler und Kreative das enge, damals sehr heruntergekommene Viertel. Seitdem ist es nicht nur für seinen dörflichen Charme und den Zauber seiner versteckten Hofjes – kleine Innenhöfe voller Bäume, Brunnen und Gärtchen – bekannt, sondern auch für seine lebhafte Café-, Kneipen- und Geschäftsszene.

Ohne den Westertoren, den unübersehbaren Zeigefinger aus Backstein, würden Besucher schnell die Orientierung verlieren und sich hoffnungslos im Labyrinth der hübschen Gassen und schmalen Gänge zwischen Prinsen-, Brouwers-, Lijnbaans- und Looiersgracht im Nordwesten des Stadtzentrums verlaufen. Vor allem, weil beim Streifzug durch den Jordaan ständig originelle Boutiquen und Kleingalerien vom Weg ablenken.

Die Straßenzüge um den weiter nördlich gelegenen Westerpark entwickeln sich momentan zum neuen Trendviertel. Die Geschichte dieses architektonisch beeindruckenden Wohnquartiers ähnelt jener des nahen Jordaan: Erst vernachlässigt, dann in den 1970ern von »Krakers« besetzt, siedelten sich später Künstler und leidenschaftliche Individualisten in dem ehemaligen Industriegebiet um die Westergasfabriek an. 1989 wurden die Ziegelgebäude zu Industriedenkmälern erklärt.

Seitdem erhielt die Gegend eine stadtplanerische Verjüngungskur – gekonnt experimentierte man mit neuen Wohnkonzepten. Mittlerweile gibt es nicht nur ein attraktives Programmkino, Het Ketelhuis, sondern auch Cafés, jede Menge Designer, Künstler, einen Stadtteildichter und Rock- und Pop-Konzerte im alten Gasometer.

Schaufenster für Second-Hand-Brillen im Jordaan

Unterwegs im Nordwesten

Vom Volksviertel zur In-Adresse

Verlauf: Prinsenstraat › Noorderkerk › Palmgracht › Lindengracht › Meander › Westerpark › Het Schip › Silodam

Karte: Seite 110
Dauer/Distanz: 4–5 Std. (ohne Museumsbesuche), ca. 7 km.
Praktische Hinweise:
• Zum Jordaan fahren ab Dam die Straßenbahnen 13,14 und 17 (Haltestelle Westermarkt) sowie die Straßenbahn Linie 3 vom Museumsplein und Linie 10 vom Leidseplein zur Haltestelle Marnixplein. Vom Silodam fährt der Bus Linie 48 zurück zur Centraal Station. Der Nachtbus 353 hält an der Spaarndammerstraat.

Tour-Start:
Jordaan ⭐
Seit die kreative Bohème in den Stübchen des Viertels östlich der Westerkerk ihre Ateliers eingerichtet hat und Möbeldesigner ihre Shops in ehemaligen Wohnzimmern etablieren, ist jeder Spaziergang durch das »kwartier« zwischen Rozengracht und Brouwersgracht wie ein Griff in die Überraschungstüte: Zu den derzeit interessantesten Galerien der Gegend gehören **Annet Gelink** (Laurierstraat 189) **[D3]**, **KochxBos** (Eerste Anjeliersdwarsstraat 36) **[D2]** und **Fons Welters** (Bloemstraat 140) **[D2]**. Auch die Elandsgracht **[D3]** und die Westerstraat **[D2–E2]** brummen vor unbekümmerter Kreativität. Wer sich die Zeit nimmt, entdeckt vielleicht das Werk eines noch unbekannten Newcomers kurz vor seinem Durchbruch.

Einen Besuch wert ist das **Zon's Hofje** **1** **[E2]** hinter der Prinsenstraat 159–171. Dort ist über einem Portal ein Giebelstein erhalten, der die beladene Arche Noah zeigt. Die dazugehörige Kirche wurde jedoch bereits 1765 abgebrochen.

Noorderkerk **2** [E2]
An der Prinsengracht nordwärts steht die Noorderkerk, entworfen vom Stadtbaumeister Hendrick de Keyser (1565–1621). In der Noorderkerk wohnte die Arbeiterschicht des Jordaan dem protestantischen

Hinterhofidyll im Suykerhoff Hofje an der Lindengracht

Hinter der Kirche hat man dem Original des Viertels, **Woutertje Pieterse,** einer Figur des gleichnamigen Entwicklungsromans des niederländischen Autors Eduard Douwes Dekker (1820–1887), der unter dem Pseudonym Multatuli schrieb, ein Denkmal gesetzt.

Hofjes ★

Kurz vor dem nordwestlichen Ende der Brouwersgracht biegt links die Palmgracht ab. Der kleine Durchgang am Haus Nr. 28 führt in das schmucke **Raepenhofje** 3 [D1]. Die historische Wohnanlage aus dem 17. Jh. wird von einer Stiftung verwaltet. Nebenan verdient das reizende **Bossche Hofje** (Palmgracht 20–26) einen Blick. Nicht weit entfernt liegt am Ende eines schmalen Durchgangs zwischen zwei Häusern das **Suykerhoff Hofje** 4 [D2] (Eingang Lindengracht 149–163).

Gottesdienst bei. Der Grundriss der Kirche am Noordermarkt 18 bildet ein griechisches Kreuz.

SEITENBLICK

Versteckte Hinterhofidylle

Hinter kleinen Holztüren und unscheinbaren Fassaden verbergen sich im Stadtteil Jordaan idyllische Innenhöfe, die »hofjes«. Im 17. Jh. stifteten reiche Bürger im damaligen Armeleuteviertel kleine Siedlungen, in denen Witwen und alte Menschen mietfrei oder günstig wohnen konnten – eine frühe Form der Altenpflege und des sozialen Wohnungsbaus. Die Giebelsteine dieser »Höfchen« erinnern an die Stifter. Heute leben in diesen Hofjes, die meist versteckt an die Rückseite von Häusern gebaut wurden, junge Leute und Individualisten hinter grünen Paravents aus Heckenrosen und Hibiskus. Typisch für ein Hofje ist die Wasserpumpe im Innenhof und eine wohlgenährte Katze, die fremde Gesichter in ihrem Revier misstrauisch mustert.

Nicht alle Hofjes sind für Besucher zugänglich. Aus Ärger über lästige Touristen verschließen immer mehr Bewohner die Tür zu ihrem kleinen Paradies, vor allem abends und an den Wochenenden. Einen virtuellen Spaziergang durch die Hofjes ermöglicht die Webseite www.jordaanweb.nl (auf der englischen Version »inner courts« anklicken).

Beim Bummel kann man an vielen Fassaden außergewöhnliche alte Giebelsteine entdecken: Am Haus Lindengracht 57 A etwa einen Baum, in dessen Krone Fische schwimmen. Vielleicht war der Steinmetz nicht ganz nüchtern, so die Erklärung der Anwohner, wenn ein Tourist die »Verkeerde Wereld« von 1672 bewundert.

Ein geheimnisvoller Stein ist in die Fassade des Hauses Lindengracht 53 eingemauert: Über der Aufschrift »Wargaarn« versuchen zwei Affen und ein Hund Garn aufzuhaspeln. Auf der anderen Straßenseite zieren drei unterschiedliche Porträts des biblischen Königs David die Adressen Lindenstraat 4, 6 und 19. In der Bloemgracht 81 ist »De jonge Saer«, der junge Sämann, bei der Arbeit zu sehen.

Ähnlich gemütlich und ebenso versteckt wie das Suykerhoff Hofje ist das **Karthuizerhofje** 5 [D2] in der Karthuizerstraat 89–171, ein kleines dörfliches Idyll mitten in der Großstadt.

Sehenswert ist weiterhin das von einem Tuchhändler gegründete **Claes Claesz Anslohofje** 6 [D2] (Eingang Egelantiersstraat 34–54) mit seinem Löwenbrunnen. An der Egelantiersgracht 105–141 stößt man auf das **Sint Andrieshofje** 7 [D2], das älteste Spital Amsterdams.

Wer die Gässchen und Hofjes nicht auf eigene Faust entdecken und zudem Anekdoten und Geschichten über das Viertel Jordaan hören möchte, schließt sich am besten einer Führung von Mitgliedern der Gilde Mee in Mokum an › **S. 30.**

! Erst-klassig

Die buntesten Märkte

- Der schwimmende **Bloemenmarkt** (Blumenmarkt) am Singel besticht tgl. von 9.30–18 Uhr mit bunter Blütenpracht und dicken Sträußen für wenig Geld. › **S. 85**
- Alte Schätze, Kunst und Krempel stapeln sich im **Antiekcentrum Amsterdam** [D3] in einer alten Molkerei.
  Elandsgracht 109 | www.antiek centrumamsterdam.nl
  Tgl. außer Di 11–18, Sa/So 11 bis 17 Uhr
- Freitags von 10–18 Uhr stöbern Bücherwürmer in den vollen Kisten des **Boekenmarkt** (Buchmarkt) [E3] auf dem Spui.
  www.deboekenmarktophetspui.nl
- Ursprünglich ein jüdischer Markt, bietet der **Flohmarkt** auf dem Waterlooplein › **S. 86** heute mit rund 300 Ständen Ware aus aller Welt an.
  www.waterloopleinmarkt.nl
  Mo–Sa 9–18 Uhr
- Kreative Amsterdamer stellen sonntags ihre Werke auf dem farbenfrohen **Kunstmarkt** [E4] zum Verkauf aus.
  Thorbeckeplein
  März–Okt. So 10.30–18 Uhr
- An jedem 1. Sonntag im Monat findet im Cultuurpark Westergasfabriek › **S. 111** von 12–18 Uhr der **Sunday Market** statt. Hier findet sich alles, was Kunst, Mode und Design zu bieten haben.
  www.sundaymarket.nl

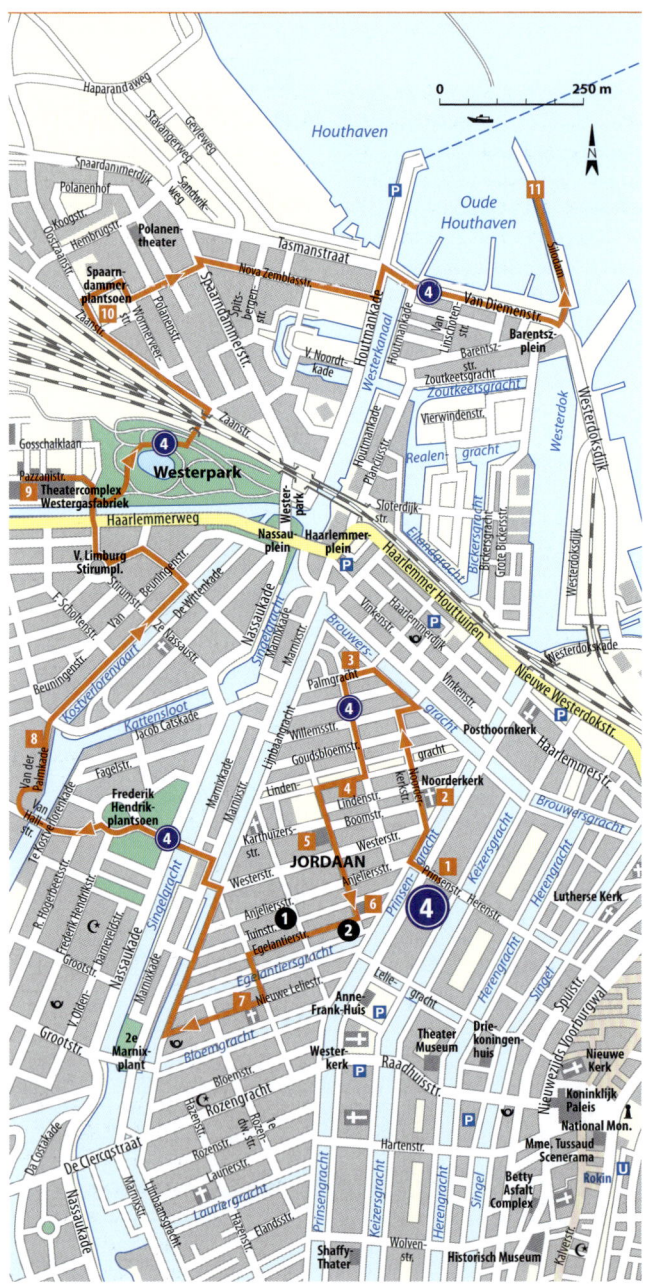

Haparandaweg
Houthaven
0   250 m
N
Gevleweg
Stekangerweg
Sentkade
Polanenhof
Spaardammerdijk
Oude
Houthaven
11
Hembrugstr.
Polanenhof
Polanen-
theater
Nova Zemblasstr.
Tasmanstraat
4
Molenk.
Spaarn-
dammer-
plantsoen
10
Spits-
bergen-
str.
Spaardammerstr.
Houtmankade
Van Diemenstr.
Van Lindestr.
Barentsz-
plein
Wormerveer
Polanenstr.
Zaanstr.
Houtmankade
Westerkanaal
Houtmankanaal
V. Noordt
kade
Barentsz-
str.
Zoutkeetsgracht
Barentsz-
plein
Zaanstr.
Zaandijkstr.
Westerdoksdijk
Gosschalklaan
Pazzanistr.
9
Theatercomplex
Westergasfabriek
4
Westerpark
Wester-
park
Zoutkeetsgracht
Vierwindenstr.
Realen   gracht
Houtmankade
Planciusstr.
Bickersgracht
Bickersgracht
Grote Bickersstr.
Westerdok
Slotterdijk-
str.
Westerdoksdijk
Haarlemmerweg
V. Limburg
Stirumpl.
Nassau-
plein
Haarlemmer-
plein
Haarlemmer Houttuinen
Nieuwe Westerdokstr.
Westerdoksdijk
E. Scholtestr.
Beuningenstr.
Van Beuningenstr.
1e Nassaustr.
De Wittenkade
Nassaukade
Nassaukade
Singelgracht
Vinkenstr.
Haarlemmerdijk
Nieuwe Westerdoksdr.
Kostverlorenvaart
Beuningenstr.
2e Nassaustr.
Brouwers-
Posthoornkerk
3
Palmgracht
4
gracht
Haarlemmerstr.
Kattensloot
Jacob Catskade
Fagelstr.
Willemsstr.
Goudsbloemstr.
gracht
Noorderkerk
2
Lutherse Kerk
8
Van der
Palmkade
Frederik
Hendrik-
plantsoen
4
Linden-
gracht
Linden-
Linden
Marnixkade
Marnixstr.
Karthuizers-
str.
4
Lindenstr.
Boomstr.
Westerstr.
5
JORDAAN
Keizersgracht
Keizersgracht
Keizersgracht
Heerenstr.
Herenstr.
Prinsengracht
Brouwersgracht
Van der
Hout-
str.
Frederik Hendrikstr.
Nassaukade
Marnixkade
Marnixstr.
Westerstr.
Anjeliersstr.
Anjeliersstr.
Tuinstr.
1
1
6
2
4
Prinsengracht
Singel
Singel
Keizersgracht
Herengracht
Herengracht
Nieuwezijds Voorburgwal
Egelantiersgracht
Egelantiersstr.
7
Nieuwe Leliestr.
Lelie
gracht
Anne
Frank-Huis
Theater
Museum
Drie-
koningen-
huis
Nieuwe
Kerk
Groenburgwal
2e
Marnix-
plant.
Bloemgracht
Wester-
kerk
Raadhuisstr.
Koninklijk
Paleis
National Mon.
Da Costakade
De Clercqstraat
Nassaukade
Marnixkade
Rozenstr.
Rozengracht
Bloemstr.
Rozenstr.
Mme. Tussaud
Scenerama
Betty
Asfalt
Complex
Rokin
1e Rozendwarsstr.
Rozengracht
Hartenstr.
Keizersgracht
Prinsengracht
Herengracht
Singel
Nassaukade
Laurierstr.
Laurierstr.
1e Laurierdwarsstr.
Elandsstr.
Shaffy-
Thater
Wolven-
str.
Historisch Museum
Rokin
Prinsengracht

110

Shopping

Montagvormittag wird auf dem Noordermarkt [E2] ein kleiner **Trödelmarkt** aufgebaut, und um die Ecke, in der Westerstraat [D2–E2], ein **Straßenmarkt** mit Stoffen, Möbel, Klamotten, Nippes und Blumen über Blumen. Vor der Norderkerk (Nordermarkt) [E2] findet samstags der **Boerenmarkt** (Bauernmarkt) statt, auf dem v.a. Bioware verkauft wird (www.boerenmarktamsterdam.nl).

Zwischenstopp: Cafés

Gelegenheit für eine Pause in netter Umgebung bietet das **Café de Tuin** € ❶ [D2].

- Tweede Tuindwarsstraat 13
  Tel. 020/624 45 59 | www.cafedetuin.nl
  Mo–Do 10–1, Fr/Sa bis 3, So 11–1 Uhr

Zwei Ecken weiter lockt das **Café 't Smalle** € ❷ [D2], wo der Brenner Pieter Hoppe 1780 mit seinem Jenever-Destillierbetrieb begann.

- Egelantiersgracht 12
  Tel. 020/623 96 17 | www.t-smalle.nl
  Tgl. 10–1, Fr/Sa bis 2 Uhr

Tour im Jordaan mit Westerpark

Tour ❹

Vom Volksviertel zur In-Adresse

1 Zon's Hofje
2 Noorderkerk
3 Raepenhofje, Bossche Hofje
4 Suykerhoff Hofje
5 Karthuizerhofje
6 Claes Claesz Anslohofje
7 Sint Andrieshofje
8 Meander
9 Westergasfabriek
10 Het Schip
11 Silodam

Stadterweiterung nach Westen [D1/2]

Ende des 19. Jhs. machten die industrielle Revolution, der boomende Hafen und die wachsende Bevölkerung eine erneute Stadterweiterung nötig: Westlich des Zentrums entstand der Westerpark, ein Mischgebiet mit Gewerbe- und Industriekomplexen sowie Mietskasernen des sozialen Wohnungsbaus, die heute unter Denkmalschutz stehen. Sobald man die Singelgracht überschreitet, ändert sich die Atmosphäre: Breite, gerade Straßen und monumentale Gebäudefronten in Ziegelrot bestimmen das Bild; goldgelbe Schmuckbänder und ornamentale Friese lockern die Fassaden auf. Und immer wieder fügt sich ein moderner Bau perfekt in die historischen Ensembles ein. Interessant ist vor allem der 2005 fertiggestellte **Meander** 8 [D2] von Rob Krier, ein gewundener, schicker Wohnblock mit integrierter Grundschule und Bibliothek in der Van der Palmkade.

Westergasfabriek 9 ⭐ [C/D1]

Nördlich des Haarlemerwegs betritt man den alten **Westerpark** von 1866, auf dessen Teich ein besonderes Kunstwerk schwimmt: das ewige Hochzeitskleid aus Patchworkflicken, bewacht von der größten Graureiherkolonie der Stadt. **!** In den Bäumen leben unzählige grüne Halsbandsittiche. In diesem Teil des Parks gibt es Tennisplätze, die allen Fans des Ballsports offen stehen.

Die Westergasfabrik war die größte Steinkohlegasfabrik der Niederlande. Sie wurde 1883–1885 von Isaac Gosschalk (1838–1907) erbaut, einem im Bereich der Zweckbauten führenden Architekten des Landes. Der klassische Industriebau und seine 22 noch erhaltenen Gebäude erhielten zwischen 1989 und 1996 den Rang eines Nationaldenkmals und gehören zur ERIH (European Route of Industrial Heritage). Heute wird das Fabrikgelände als Kulturzentrum genutzt › **S. 50**, das vom Popkonzert bis zum experimentellen Theater alles bietet – ein Hotspot für Künstler, Musiker und Partypeople. Wer sich für die Geschichte der Fabrik interessiert, für den lohnt sich ein Blick auf www. project-westergasfabriek.nl.

Entspannung bietet der von Kathryn Gustafson entworfene Teil des Parks, der sich über das ehemalige Wasserleitungsgelände zieht.

Het Schip 🔟 ⭐ [a2]

Vom Westerpark aus führt eine Unterführung nach Norden auf die Zaanstraat. Wendet man sich auf der Zaanstraat stadtauswärts nach links, geht man direkt auf den Bug eines versteinerten Riesenschiffes zu: Het Schip wurde 1919–1921 nach Plänen des Amsterdamers Michel de Klerk gebaut und vereint alle Charakteristika des expressionistischen Baustils der Amsterdamer Schule: Die organisch geschwungene Fassadenlinie ist mit einer Vielfalt von dekorativen Klinkerbändern, mit 1800 unterschiedlichen Sprossenfenstern, mit steinernen Skulpturen und Türmen geschmückt. **50 Dinge** ㉕ › **S. 15**.

Ein Teil des Gebäudes ist als **Museum** zugänglich. Dort erfährt man etwa, dass die Bauherren bei allem sozialen Engagement wohl kein Herz für den Hausfrauentratsch hatten: Sie brachten in einigen Wohnungen die Fensterbänke so hoch an, dass sich niemand mehr aus dem Fenster lehnen konnte (Spaarndammerplantsoen 140, Tel. 020/686 85 95, www.hetschip.nl, Di bis So 11–17 Uhr, 12,50 €, ermäßigt 7,50 €, unter 12 Jahren frei).

Silodam 1️⃣1️⃣ [c2]

Einem riesigen Containerstapel gleich treibt ein weiteres architektonisches Highlight auf dem Oude Houthaven. Der zehngeschossige Wohnkomplex Silodam, ein Entwurf des Büros MVRDV, steht auf massiven Betonpfosten im Wasser neben den alten Getreidespeichern am 300 m langen Kop van de Silodam. Neben gewerblichen Flächen vereint der Wohnkomplex ganz unterschiedliche Wohnungstypen: Ateliers, Studios, Maisonettes und Sozialwohnungen. Einige Apartments wurden als barrierefreie Seniorenwohnungen angelegt. Von Farbe und Material her unterschiedlich gestaltete Fassaden kennzeichnen die verschiedenen Wohnbereiche.

Das Promenadendeck vor dem Haupteingang an der Ostseite des Gebäudes ist ein idealer Platz, um im Abendlicht die sich ständig verändernde Silhouette der Stadt zu bewundern.

Sehen und gesehen werden auf den Terrassen des 't Blauwe Theehuis im Vondelpark

MUSEUMS-VIERTEL

Kleine Inspiration

- **Entspannen auf der Terrasse** des 't Blauwe Theehuis im Vondelpark › S. 116
- **Für ein Foto herumklettern** auf der Stadtslogan-Installation »I amsterdam« › S. 119
- **Einen Abstecher machen nach Amstelveen** und dort das CoBrA-Museum besuchen › S. 121
- **Sonnenblumen entdecken** bei einem Spaziergang im Stadtteil De Pijp › S. 121

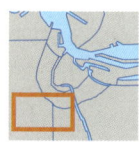

Amsterdams Kunstfreunde können aufatmen. Endlich ist ein Tête-à-Tête mit Rembrandts »Nachtwache«, mit Vermeers und Frans Hals' Werken wieder an ihrem angestammten Platz möglich. Nach jahrelanger Renovierung wurde im April 2013 das Rijksmuseum glanzvoll wiedereröffnet. Nun sind die erlesenen Meisterwerke des Goldenen Zeitalters mit ausgefeilten Lichtkonzepten und hypermodernen Präsentationstechniken zu bewundern.

Freunde der zeitgenössischen Kunst können nach langer Renovierungsphase wieder die Exponate und spannenden Sonderschauen im Stedelijk Museum bewundern, das im September 2012 wiedereröffnet wurde. Schon Ende 2011 war die Fassade des hypermodernen Erweiterungsbaus für die Öffentlichkeit enthüllt worden. Nebenan zieht das Van-Gogh-Museum mit den »Kartoffelessern« und den »Sonnenblumen« Besucherscharen an. Sein neuer Flügel, 1999 vom Architekten Kisho Kurokawa angefügt, bietet Platz für Sonderausstellungen.

Vor oder nach dem Kunstgenuss bietet der Vondelpark Entspannung an der frischen Luft. Das nahe Viertel De Pijp, das sich südlich der Stadthouderskade bis zum Amstelkanal zieht, ist ein buntes Quartier voll städtischer Lebensfreude. Ende des 19. Jhs. wurde es auf einem Polder gebaut und im Volksmund Pijp, also Röhre genannt, wegen der schmalen Wassergräben, die den Polder durchzogen. Seine Bewohner waren Künstler, Studenten, Arbeiter und leichte Mädchen.

In den 1960er-Jahren ließen sich die spanischen Gastarbeiter hier nieder, die in der Heineken-Brauerei an der Stadthouderskade arbeiteten. Seitdem sind nicht nur Menschen aus aller Welt ins Viertel eingewandert, sondern auch diejenigen, die sich die Wohnungspreise im Grachtengürtel nicht mehr leisten können und wollen.

Van Goghs Selbstporträt von 1888 im Van-Gogh-Museum

Unterwegs im Museumsviertel

Grüne Oasen und Kunsttempel

Verlauf: Vondelpark › Diamond Center › Rijksmuseum › Van-Gogh-Museum › Stedelijk Museum › Concertgebouw › Quartier De Pijp › Albert-Cuyp-Markt › Heineken-Brauerei › Sarpathipark

Karte: Seite 116
Dauer/Distanz: 4 Std. (ohne Museumsbesuche), ca. 5 km
Praktische Hinweise:

- Wer die Besucherschlangen vor den großen Museen vermeiden will, sollte sich die Meisterwerke im Rijksmuseum sowie die Schätze des Van-Gogh-Museums zwischen 9 und 11 oder nach 14/15 Uhr ansehen bzw. die Eintrittskarten vorab online über die Webseiten der jeweiligen Museen erwerben.
- Für einen Besuch des Lunchkonzerts im Concertgebouw (Mi um 12.30 Uhr) am selben Tag wird die Zeit sonst zu knapp.

Tour-Start:
Vondelpark **1** [B5–D4]

Die 45 ha große, nach dem Dichter Joost van den Vondel (1587– 1679) benannte Oase inmitten der Stadt stifteten Amsterdamer Bürger im Jahr 1865. In dem **!** idyllischen Landschaftspark wurden Wander-, Fahrrad- und Reitwege, Teiche, ein Wäldchen, ein Pavillon und ein Bauernhof angelegt. Inzwischen ist der Vondelpark der öffentliche Garten der jungen Amsterdamer, in dem Artisten und Musikanten ebenso ihr Publikum finden wie hedonistische Selbstdarsteller oder die verkaterte Drag Queen.

Den Eingang des Parks markieren eine Statue der »Jungfrau von Amsterdam« und eine Fußgängerbrücke, deren **!** fantasievolle Gestaltung an den Architekten Pieter L. Kramer (1881–1961) erinnert. Als ästhetischer Berater überwachte Kramer ab 1917 den Bau von rund 200 neuen Amsterdamer Brücken, die durch ihre Schmiedearbeiten und allegorische Motive in den Pfosten auffallen. Im **Vondelpark Openluchttheater** wird von Juni bis August fast jeden Nachmittag und Abend **!** ein kostenloses Kulturprogramm geboten: Konzerte, Jugendtheater, Tanzshows etc. Manchmal ringen auch Nachwuchskünstler im Rahmen spontaner Happenings um die Gunst des Publikums.

Vondelparkpaviljoen **2** [D4]
Gleich am Eingang des Parks fällt das imposante Gebäude des Vondelparkpaviljoen auf, in dem bis 2012 das Nederlands Filmmuseum untergebracht war. Die umfangreichen Schätze des Niederländischen Filminstituts EYE sind nun in ein spektakuläres weißes Gebäude am Nordufer des IJ gegenüber dem Hauptbahnhof umgezogen › **S. 75**.

Zwischenstopp: Restaurants

Auf der großen Terrasse von 't Blauwe Theehuis **3** **1** € [D4], einem Pavillon aus dem Jahr 1937 inmitten des Vondelparks, kann man bei Snacks den schönen Blick über den Park genießen.

• Vondelpark 5
  www.blauwetheehuis.nl
  Mo–Do 9–18.30, Fr–So bis 20 Uhr

Ethnische Küche nördlich des Vondelparks servieren in Nachbarschaft zueinander zwei vorzügliche Lokale. Äthiopisch mit Injera (Pfannkuchen, in die man Fleisch- und Gemüsehappen einrollt) speist man im **Lalibela** **2** € [C4].

• 1e Helmersstraat 249
  Tel. 020/683 83 32
  www.lalibela.nl
  Tgl. 17–23 Uhr

Marokkanische Köstlichkeiten wie Couscous, Tajine und einen vorzüglichen Vorspeisenteller kommen im **Paloma Blanca** **3** €€ [C4] auf den Tisch.

• Jan Pieter Heijestraat 145
  Tel. 020/612 64 85
  www.palomablanca.nl
  Di–So 18–22 Uhr

Vondelkerk **4** [D4]

Im Eingangsbereich des Parks führt ein Weg zur Vondelkerk (1870–1880, Vondelstraat 120 a), die als schönste Kirche des Architekten Petrus J. H. Cuypers gilt (www.vondelkerk.nl).

Hollandse Manege **5** [D4]

Wenige Schritte weiter versteckt sich dieses Hippodrom zwischen Wohnhäusern hinter einem auffälli-

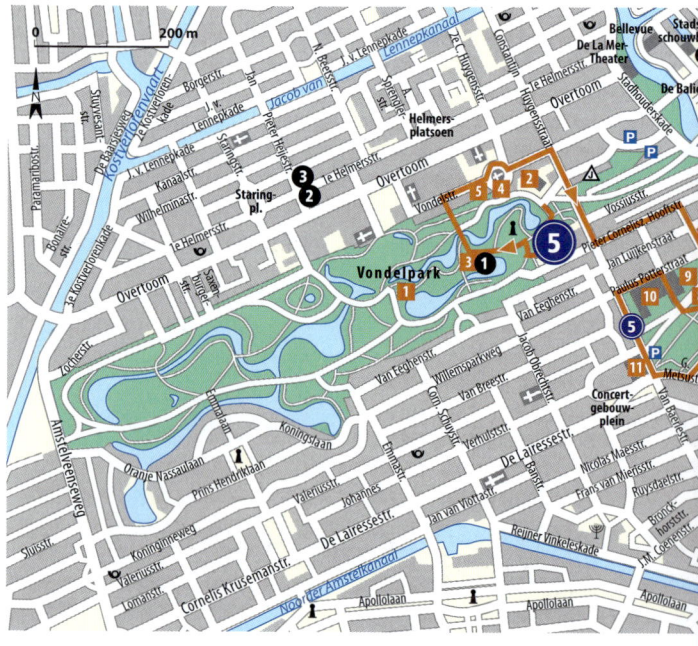

gen Torbogen in der Vondelstraat
140. Der Bau wurde 1882 nach dem
Vorbild der Wiener Hofreitschule
errichtet und wird nach wie vor als
Reitschule genutzt. Im Foyer kann
man auch gepflegt einen Kaffee trinken und dabei einen Film über die
Reitschule ansehen (tgl. 10–17 Uhr,
www.dehollandschemanege.nl).

Shopping

Zwischen Vondelpark und Museumsquartier liegen die elegantesten Ein-
kaufsstraßen der Stadt. In der Pieter
Corneliszoon Hooftstraat [D4] haben
weltbekannte **Couturiers** und **Juwe-
liere** ihre Dependancen. **50 Dinge** ㉑
› S. 14. **Designläden** finden sich im Wil-
lemsparkweg, in der Jacob Obrechtstraat
und z.T. in der Cornelis Schuytstraat.

Diamant Museum ⑥ [D4]

Seit über 400 Jahren genießen in
Amsterdam geschliffene Diamanten unter Experten Weltruf. Seine
Blüte erlebte der noble Industrie-
zweig, als man ab 1867 in der Bu-
renkolonie Südafrika große Dia-
mantvorkommen entdeckte. Die
hoch qualifizierten Arbeiter in den
Schleifereien, oft Juden, gehörten zu
den bestbezahlten der Stadt.

1908 wurde bei Asscher der 1905
in der Premier Mine bei Pretoria
entdeckte und 3024 Karat schwere
Cullinan als größter Diamant der
Welt in 96 prächtige Einzelstücke
zerlegt. Sie bereichern nun den Ju-
welenschatz des britischen Königshauses im Tower von London.

Das Diamantenmuseum informiert über Mineralogie ebenso wie
über die Arbeit in einer Schleiferei,
berühmte Juwelendiebe u.v.m. (Paulus Potterstraat 8, Tel. 020/305 53 00,
www.diamantmuseumamsterdam.
nl, tgl. 9–17 Uhr, 10 €, 13–18 Jahre
7,50 €). **50 Dinge** ㉗ › S. 15.

Tour im Museumsviertel

Tour ⑤

Grüne Oasen und Kunsttempel

1 Vondelpark
2 Vondelparkpaviljoen
3 't Blauwe Theehuis
4 Vondelkerk
5 Hollandse Manege
6 Diamant Museum
7 Rijksmuseum
8 Museumplein
9 Van-Gogh-Museum
10 Stedelijk Museum
11 Concertgebouw
12 Albert-Cuyp-Markt
13 Sarphatipark

Rijksmuseum 7 ⭐ [D/E4]

Am 13. April 2013 weihte die damalige Königin Beatrix das zehn Jahre lang renovierte und dabei komplett umgestaltete berühmteste Museum der Niederlande ein. Es war übrigens ihr letzter großer Auftritt als Monarchin kurz vor ihrer Abdankung Ende April.

Den Grundstock für diese einzigartige Sammlung legte Napoleons Bruder Louis Bonaparte. Er begann im Jahr 1808 damit, im Koninklijk Paleis › S. 82 ein Nationalmuseum aufzubauen. Ende des 19. Jh. erhielt der Architekt Petrus J. H. Cuypers (1827–1921) schließlich den Auftrag, ein Reichsmuseum für die Fülle an Bildern, Kunsthandwerk und exotischen Schätzen aus den Kolonien zu bauen. Er entwarf ein Gegenstück zu seinem anderen Amsterdamer Prunkbau, dem ähnlich opulenten Hauptbahnhof. 1885 zog die umfangreiche Sammlung in ihr neues Domizil am damaligen Stadtrand um. Nach mehr als 120 Jahren waren umfassende Umbaumaßnahmen allerdings überfällig. Nach Plänen der spanischen Architekten Antonio Cruz und Antonio Ortiz wurde das Museum ab 2003 für 375 Mio. Euro kernsaniert und auf zwei Mio. Besucher pro Jahr ausgelegt.

Im ersten Stock polierte das Architekten-Duo die von den niederländischen Kalvinisten stets mit Argwohn betrachtete Opulenz des Katholiken Cuypers auf. Die üppig verzierte Decke erinnert an eine gotische Kathedrale. Zusammen mit dem französischen Architekten Jean-Michel Wilmotte, für Innenausbau und Einrichtung verantwortlich, und dem Restaurator Van Hoogevest entwarfen die Spanier auch die modernen Anbauten – den neuen asiatischen Pavillon, die Glasdächer und die neuesten technischen Installationen. Man senkte den Boden der beiden Innenhöfe ab und schuf dadurch eine Verbindung zwischen Ost- und Westflügel.

Die 80 lichtdurchfluteten Räume zeigen Gemälde flämischer und holländischer Meister aus dem 15. bis 20. Jh., gotische Möbel, mittelalterliche Skulpturen, Elfenbeinschnitzereien, islamische Keramik, alte französische Schnupftabakdosen, Delfter Kacheln u. v. m. (Museumplein, Tel. 020/674 70 00, www.rijksmuseum.nl, tgl. 9–17 Uhr, 17,50 €, bis 18 Jahre freier Eintritt).

Museumplein 8 [D5]

Zwischen den Museumsbauten dient der Museumplein als begrünter Erholungsraum: Wo 1883 die Weltausstellung stattfand, jagen heute Skateboarder durch die Half-

SEITENBLICK

Ehrengalerie

Publikumsmagnet des Museums ist jetzt wieder die Ehrengalerie mit ihren hohen Spitzbögen, deren dunkelgraue Wänden weltberühmte niederländische Meister des 17. Jhs. zieren, darunter Vermeers »Dienstmagd mit Milchkrug«, Frans Hals' »Porträt eines jungen Paares« und Jan Steens »Das Nikolausfest«. Das Ende der Galerie beherrscht Rembrandts berühmte »Nachtwache«.

Entspannung vor, auf und unter dem Stadtmotto »I amsterdam«

pipe und posieren Touristen vor den rot-weißen Riesenlettern des Stadtslogans »I amsterdam«. Unter der futuristischen Rampe verbergen sich eine Parkgarage und ein Supermarkt. Auf der Wiese des Museumplein, der ursprünglich asphaltiert war, wurde ein Denkmal zu Ehren der im KZ Ravensbrück umgekommenen Frauen errichtet.

Van-Gogh-Museum 9 ⭐ [D4–5]

Knapp 200 m Fußweg führen zum verglasten Betonquader des Architekten Gerrit Rietveld, den das Museum 1973 bezog. Es besitzt mit 205 Gemälden sowie rund 500 Zeichnungen und Aquarellen die weltweit größte Sammlung von Werken van Goghs sowie dessen Briefwechsel mit seinem Bruder Theo. Eine ähnliche Fülle von Werken van Goghs

kann sonst nur das Kröller-Müller-Museum in Otterloo bieten. Der Andrang vor den weltberühmten Bildern ist das ganze Jahr über groß, vor allem in den Sommermonaten bilden sich vor den »Kartoffelessern«, dem noch in düsteren Farben gemalten Frühwerk, den Stillleben wie »Sonnenblumen« und »Vase mit Iris« sowie den Selbstporträts lange Schlangen. **50 Dinge** ㉔ › **S. 15**.

Im Museum sind auch Gemälde von van Goghs malenden Zeitgenossen (u. a. Toulouse-Lautrec, Gauguin und Monticelli) ausgestellt.

1999 erhielt das Museum einen Erweiterungsbau, den hypermodernen Pavillon des Japaners Kisho Kurokawa. Der elliptisch geformte Bau wird vorwiegend für Sonderausstellungen genutzt. Beide Museumsteile sind durch einen unterirdischen Gang miteinander verbunden (Pau-

Der 1999 eröffnete Erweiterungsbau des Van-Gogh-Museums

lus Potterstraat 7, Tel. 020/570 52 00, www.vangoghmuseum.nl, tgl. 9–17, Fr bis 22, Mitte Juli–Ende Aug. Sa auch bis 21, Sept.–Ende Okt. 9–18, Fr bis 22 Uhr, 17 €, bis 18 Jahre frei).

Stedelijk Museum 10 [D5]

Den Grundstock für die außergewöhnliche und inzwischen unbezahlbare Sammlung des Stedelijk mit Werken von Picasso, Chagall, Lovis Corinth, Piet Mondriaan und vielen anderen Malern der klassischen Moderne legte der Kunsthändler Baron Pieter Lopes Suasso, dessen Witwe dem Städtischen Museum 1890 die reiche Kollektion ihres Mannes schenkte.

Im Schatten des großen niederländischen Impressionisten van Gogh standen bisher – zumindest in puncto Zuschauerandrang – die ambitionierten Wechselausstellungen dieses Museums für Moderne Kunst, das neben den modernen Klassikern auch ultramoderne Werke von An-

selm Kiefer, Bruce Naumann und zeitgenössischen niederländischen Kunstgrößen präsentiert.

In hohen lichten Räumen und in einer großen unterirdischen Ausstellungshalle finden seit der aufwendigen Renovierung samt Erweiterung auch die Sammlungen grafischer Arbeiten, darunter Wim Crouwels Entwürfe für das Stedelijk, internationale Pop Art, originelle Lichtinstallationen und eine einmalige Kollektion von Postern aus knapp 100 Jahren Platz. Beatrix Ruf, seit 2014 Direktorin, will in dem seit 1895 bestehenden Kunstmuseum ein weltweit beachtetes Forum für kreative Strömungen etablieren.

Spektakulär setzt der neue Eingangsbereich, von den Einheimischen »Badewanne« getauft, das Museum in Szene. **50 Dinge** 29 › S. 15. Der glänzend weiße Anbau, ein Entwurf des Architekturbüros Benthem Crouwel, wurde 2012 vollendet. Die Fassade besteht aus einem ultraleichten Material, das ursprünglich für den Flugzeugbau entwickelt wurde (Museumplein 10, Tel. 020/573 29 11, www.stedelijk.nl, tgl. 10–18, Fr bis 22 Uhr, 15 €, ermäßigt 7,50 €, unter 18 Jahre frei).

Concertgebouw 11 [D5]

Vom Stedelijk sind es nur wenige Schritte zur van Baerlestraat mit dem neoklassizistischen Concertgebouw, das Musik liebende Amsterdamer Bürger im 19. Jh. stifteten. Adolf Leonhard van Gendt schuf den 1888 feierlich eröffneten Musentempel. Im Eröffnungsjahr des Konzerthauses wurde auch das Koninklijke Concertgebouworkest gegründet. Mit seinen 120 Musikern gehört es zu den führenden Ensembles Europas. Der Konzertsaal mit den 2250 Plätzen wird wegen seiner ausgezeichneten Akustik von weltberühmten Dirigenten geschätzt. Im »Kleine Zaal« des Concertgebouw wird vor allem Kammermusik gespielt, doch es stehen auch Kinderkonzerte, Weltmusik und Jazz auf dem Programm.

Die grandiose Akustik des Concertgebouw kann man bei den **!** kostenlosen Lunchkonzerten von September bis Juni genießen, die (meist) mittwochs von 12.30 bis 13 Uhr stattfinden. Anders als bei den Abendveranstaltungen ist in der Mittagszeit die Kleiderordnung leger. Viele Berufstätige nutzen die musikalische Pause zur Entspannung. Karten fürs Konzert gibt es jeweils am selben Tag ab 11.30 Uhr (Tel. 0900/671 83 45, www.concertgebouw.nl).

Ebenfalls Gratiskonzerte bietet von September bis Mai an fast jedem Dienstag um 12.30 Uhr die **Stopera** › **S. 86** im Foyer an.

De Pijp

Südöstlich an das Museumsquartier schließt sich ein typisches Amsterdamer Viertel an. De Pijp wirkt wie ein Dorf in der Stadt: Dicht an dicht drängen sich die Häuschen, doch vor jeder Tür blüht mindestens eine Sonnenblume. Kinder aller Hautfarben und Nationalitäten kurven mit ihren Rollern zwischen den Passanten hindurch; die Nachbarschaft ist kleinbürgerlich und multiethnisch. Man kennt sich und schreit

CoBrA-Museum Amstelveen

Die Werke der weltweit bekannten niederländisch-belgisch-dänischen Künstlergruppe aus den späten 1940er-Jahren haben im CoBrA-Museum von Amstelveen einen architektonisch überaus passenden Rahmen erhalten. Karel Appel, Asger Jorn, Pierre Alechinsky u. a. verknüpften in ihren Werken Surrealismus, Expressionismus, informelle und abstrakte Kunst. Für einen Abstecher nach Amstelveen (ca. 16 km südöstlich) bietet sich ab Museumplein › **S. 118** die Tramlinie 5 an.

• Sandbergplein 1–3
   1181 ZX Amstelveen
   Tel. 020/547 50 50
   www.cobra-museum.nl
   Di–So 11–17 Uhr
   12 €, 6–18 Jahre 7,50 €

In der Mitte des Sarphatiparks steht das Denkmal des Samuel Sarphati

sich lauthals den neusten Tratsch aus der Nachbarschaft zu, während man auf dem Straßenmarkt nach Schnäppchen stöbert.

Wer einfach und exotisch essen will, sei es kambodschanisch, assyrisch, kurdisch, indisch oder einfach nur spanisch: In einem der vielen kleinen Lokale rund um den Albert-Cuyp-Markt wird er mit Sicherheit fündig.

Albert-Cuyp-Markt 12 ★ 10 [E5]

Schlagader des Viertels ist der Straßenmarkt in der Albert Cuypstraat, ein Bazar für die Dinge des täglichen Lebens: XXL-Shampooflaschen, frische Yamswurzeln und Topinamburchips, hauchdünne indische Saristoffe, geklaute Mobiltelefone und fangfrischen Hollandse Nieuwe, einen jungen Hering, der traditionell in einem Stück verschlungen wird. **50 Dinge** (12) › S. 13. Der 1,6 km lange Straßenmarkt fin-

det täglich ab 9 Uhr außer sonntags statt. Ab 16 Uhr gibt es frische Waren zu Schleuderpreisen.

Zwischenstopp: Restaurants

Schnell, preiswert und mit frischen Zutaten stillt das **Café De Pijp** 4 € [E5] den kleinen Hunger zwischendurch: ob mit holländischen »bitterballen« aus Hackfleisch und Kartoffelbrei oder mit surinam-indisch-chinesisch-marokkanischer Fusionküche.

• Ferdinand Bolstraat 17–19
  Tel. 020/670 41 61
  http://cafedepijp.eu
  Mo–Do 16–1, Fr bis 3, Sa 15–3,
  So bis 1 Uhr

Bei **Burgermeester** 5 € [E5] gibt es die besten Hamburger der Stadt, mit frischen bunten Saucen und in fantasievollen Kombinationen.

• Albert Cuypstraat 48
  Tel. 0900/287 43 77
  www.burgermeester.eu
  Tgl. 12–23 Uhr

Orientalische Opulenz in alten Kirchenmauern und nordafrikanische Spezialitäten in großen Portionen machen den **Bazar Amsterdam** 6 € [E5] zum beliebten Backpackertreff.

• Albert Cuypstraat 182
  Tel. 020/675 05 44
  www.bazaramsterdam.nl
  Tgl. 10–24 Uhr

Mediterranes Flair verströmt der **Pilsvogel** 7 € [E5], eine gelungene Mischung aus Bruin Café, Pub und Tapas-Bar, und es ist immer voll.

• Gerard Douplein 14
  Tel. 020/664 64 83
  http://pilsvogel.nl
  So–Do 9–1, Fr/Sa bis 3 Uhr

Heineken Experience 8 [E5] – unter diesem Motto wird im ehemaligen Brauereigebäude die Geschichte der Brauerei präsentiert. Zugänglich sind Malzsilos, das alte Brauhaus, und in den Ställen stehen die Shirehorses, die einst die Bierwägen durch die Stadt zogen. An der futuristisch gestylte Bar werden die Produkte des Hauses verkostet. Eintritt zu dieser Bar haben nur über 18-Jährige.

• Stadhouderskade 78
  Tel. 020/523 94 35
  www.heineken.com
  Tgl. 10.30–19.30, Fr–So bis 21, Juli/Aug. tgl. 10.30–21 Uhr (letzter Einlass jeweils 2 Std. vor Schluss, 16 €, 12–17 Jahre 12,50 €)

Sarphatipark 13 [E–F5]

Der kleine Park im englischen Stil in der Nähe der Ceintuurbaan ist nach dem Arzt und Philanthropen Samuel Sarphati (1813–1866) benannt. Auf seinen **!** verschlunge-

nen Wegen finden erschöpfte Städter Erholung. In der Sarphatistraat 53 zeigt das **Theaterinstitut** (TIN, Theater Instituut Nederland) wechselnde Schauen zum reichen niederländischen Theaterschaffen (www.theaterinstituut.nl).

> **! Erstklassig**
>
> ### Grüne Oasen
>
> • Als grünes Wohnzimmer der Amsterdamer bietet der **Vondelpark** reizvolle Einblicke in das pralle Leben der Stadt. › S. 115
> • Der älteste Zoo Europas ist weit mehr als ein Refugium für rund 7000 Tiere. Der **Natura Artis Magistra** von 1838 ist auch ein Landschaftspark mit beeindruckender Atmosphäre. › S. 127
> • Der **Westerpark** liegt abseits der städtischen Hauptachsen; er ist ein Idyll – allerdings mit Schwärmen von Sittichen, die in den Bäumen zwitschern. › S. 111
> • Eine stille Oase zwischen den Backsteinfassaden des Viertels De Pijp ist der kleine **Sarphatipark**. › S. 123
> • Der Ende der 1920er-Jahre angelegte **Flevopark** [H3/4] am östlichen Stadtrand ist ein beliebtes Ausflugsziel: zum Spazierengehen, Joggen, Picknicken. Eine ehemalige Pumpstation im Park ist seit vielen Jahren eine Destille, deren Betreiber ihren selbst gemachten Gin und Wodka zur Verkostung anbieten (www.nwediep.nl).

PLANTAGE-VIERTEL

Kleine Inspiration

- **Eine Tasse Kaffee genießen** auf der tropisch überwucherten Terrasse der Orangerie im Hortus Botanicus › S. 126
- **Sowohl Zebras und Gnus bewundern** als auch die historischen Speicher des Entrepotdok vom Restaurant De Twee Cheetahs aus › S. 127–128
- **Die Artenvielfalt bestaunen** in den Salz- und Süßwasseraquarien im Artis › S. 127
- **Sich Geschichten erzählen lassen** von Reisenden vergangener Zeiten im Tropenmuseum › S. 129

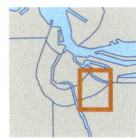

Mit dem Hortus Botanicus besitzt das Plantage-Viertel einen der ältesten botanischen Gärten der Welt. Er stammt aus der Zeit, als die Niederlande zu den »global players« zählten.

Im späten 17. Jh. entschied die Amsterdamer Stadtregierung, östlich des Zentrums ein Erholungsgebiet mit Gärten, Sommerhäusern, Lauben und kleinen Herbergen anzulegen, die »Plantage«. So modern wie pragmatisch und ganz untypisch für die Stadt legten die Stadtplaner die Straßen rechtwinklig an. Plantage, Muidergracht, Entrepotdok und Nieuwe Herengracht begrenzen das Gebiet, das heute eine begehrte Wohngegend mit viel Grün und schönen Häusern ist.

Zwischen dem Beginn der Plantage Middenlaan und ihrem Ende am Oosterpark lässt sich ein ganzer Tag im Grünen verbringen. Nebenbei gibt es eine Vielzahl zu entdecken: Im Hortus Botanicus kann man anhand von Kaffeepflanzen und Ölpalmen die Handelswege der Vereenigde Oostindische Compagnie nachvollziehen. Der Zoo Artis informiert über die Entwicklung des Tierlebens auf der Erde: vom Urknall im Planetarium über die Entwicklungsphasen unserer Erde im Geologischen Museum bis hin zum geheimnisvollen Unterwasserleben in einem Amsterdamer Kanal im Aquarium.

Oben: Das Denkmal »Der Schrei« für Theo van Gogh im Oosterpark
Links: Im Hortus Botanicus

Unterwegs im Plantage-Viertel

Exotik und Tradition

Tour 6

Verlauf: Hortus Botanicus › Artis › Tropenmuseum › Oosterpark › Museumswerf 't Kromhout › Verzetsmuseum

Karte: Seite 128
Dauer/Distanz: 3 Std. (ohne Zoo- oder Museumsbesuche), ca. 6 km
Praktische Hinweise:
• Die Straßenbahnen 9 und 14 verkehren von der Centraal Station bzw. vom Dam aus zum Plantage-Viertel.

Tour-Start: Hortus Botanicus **1** ⭐ [F3]

An der Ecke zur Plantage Parklaan markieren zwei geflügelte Sphingen den Eingang des Wertheimparks, ein paar Meter weiter beginnt das Gelände des Botanischen Gartens. Ursprünglich war »de hortus« ein Garten für medizinische Kräuter, den der Magistrat 1638 anlegen ließ, weil die Stadt gerade eine Pestepidemie überstanden hatte.

Im Hortus wurden Doktoren und Apotheker in der Zubereitung und Anwendung pflanzlicher Heilmittel unterwiesen.

Die Vereenigde Oostindische Compagnie (VOC) verlieh dem Hortus seinen exotischen Charakter und bestückte ihn im 17. und 18. Jh. mit tropischen Pflanzen, etwa aus der Karibik, aus Indonesien, Japan und vom Malaiischen Archipel. Einige Gewächse stammen noch aus dieser Zeit, so etwa der 300 Jahre alte Palmfarn vom südafrikanischen Ostkap. Ebenfalls aus dem Hortus kamen die Kaffeepflanzen in Zentral- und Südamerika: Sie sind Abkömmlinge eines einzigen Coffea-Arabica-Baums, den die VOC aus Äthiopien nach Amsterdam brachte. Seine Früchte gelangten später nach Amerika.

Welcher spektakuläre Exot neben den über 2000 einheimischen Bäumen und Pflanzen gerade in voller Blüte zu bewundern ist, erläutert ein Aushang an der Orangerie, einem ehemaligen Hörsaal aus dem Jahr 1875. Statt Wissen wird heute Kaffee ausgeschenkt: Die Orangerie gilt samt ihrer Terrasse als einer der stimmungsvollsten Plätze zum Ausruhen in der Stadt (Plantage Middenlaan 2a, Tel. 020/625 90 21, www.dehortus.nl, Garten und Museumscafé tgl. 10–17, Juli/Aug. Garten am So bis 19 Uhr, 8,50 €, ermäßigt 5 € 5–14 Jahre 4,50 €).

Hotel

Rembrandt €–€€ [F/G3]
Wer plüschige Antiquitäten und kleine Altbauzimmer mag, ist hier richtig. Im Rembrandt-Zimmer **!** bewacht die monumentale »Nachtwache« als Wandtapete den Schlummer.
• Plantage Middenlaan 17
Tel. 020/627 27 14
www.hotelrembrandt.nl

Im Oktober 2016 wurde im Artis Zoo das asiatische Elefantenbaby Sanuk geboren

Artis ❷ [G3–4]

Bestens präpariert mit neuen Erkenntnissen über die Flora in aller Welt kann man sich nun auf die Fauna im Natura Artis Magistra, kurz Artis, einlassen. Im Jahr 1838 als erster Tierpark Europas gegründet, ist der Artis inzwischen viel mehr als ein großer Zoo mit über 7000 Tieren aus allen Kontinenten: Er präsentiert sich als ein Garten des Wissens, der sich zusätzlich mit einem attraktiven Veranstaltungsprogramm um seine jungen und erwachsenen Besucher bemüht.

Im Tierpark tummeln sich Blattschneiderameisen und Seelöwen, Lemuren und vom Aussterben bedrohte Nashörner. Im Planetarium kann man sich mit Hilfe digitaler Projektionstechnik durch die Galaxien wirbeln lassen. Das angeschlossene **Geologische Museum** zeigt, wie sich die Erde in Jahrmillionen entwickelt hat. Im **Zoologischen Museum** ❸ [G4] reiht sich Meter um Meter die wissenschaftlich fundierte

Erkenntnis von Albatros bis Zebra in gut bestückten Regalen.

Experten loben die Artenvielfalt im **Aquarium** des Artis und im **Haus der nachtaktiven Tiere.** Auch wer sich nicht unbedingt für Fliegende Hunde und Erdhörnchen, syrische Braunbären oder die tropische Unterwasserwelt begeistert, kann sich der beeindruckenden Atmosphäre dieses tierreichen ❗ Landschaftsparks mit seinem gewachsenen Baumbestand kaum entziehen (Plantage Kerklaan 38–40, Tel. 0900/ 278 47 96, www.artis.nl, März–Okt. tgl. 9–18, Nov.–Feb. bis 17 Uhr, 20,50 €, 3–9 Jahre 17 €).

Zwischenstopp: Restaurant

In der afrikanischen Savanne des Artis steht das gläserne Restaurant **De Twee Cheetahs** ❶ € [G3] (»Die Zwei Geparden«). Es wurde vom Amsterdamer Architektenbüro Onno Vlaanderen entworfen und überwiegend aus unbehandelten natürlichen Materialien gebaut. Durch die Panoramafenster des Restaurants kann man Zebras und Gnus beim Grasen in der Tierparksavanne beobachten. Das Restaurant ist für Zoobesucher tgl geöffnet. Reservierungen möglich!

- Tel. 020/624 55 22
  info@artis-horeca.nl

Auf der anderen Seite des Restaurants erblickt man die wiederbelebten und in den 1980er-Jahren in Wohnungen umgewandelten historischen Speicher am Kanal **Entrepotdok** › S. 130 – ein damals wie

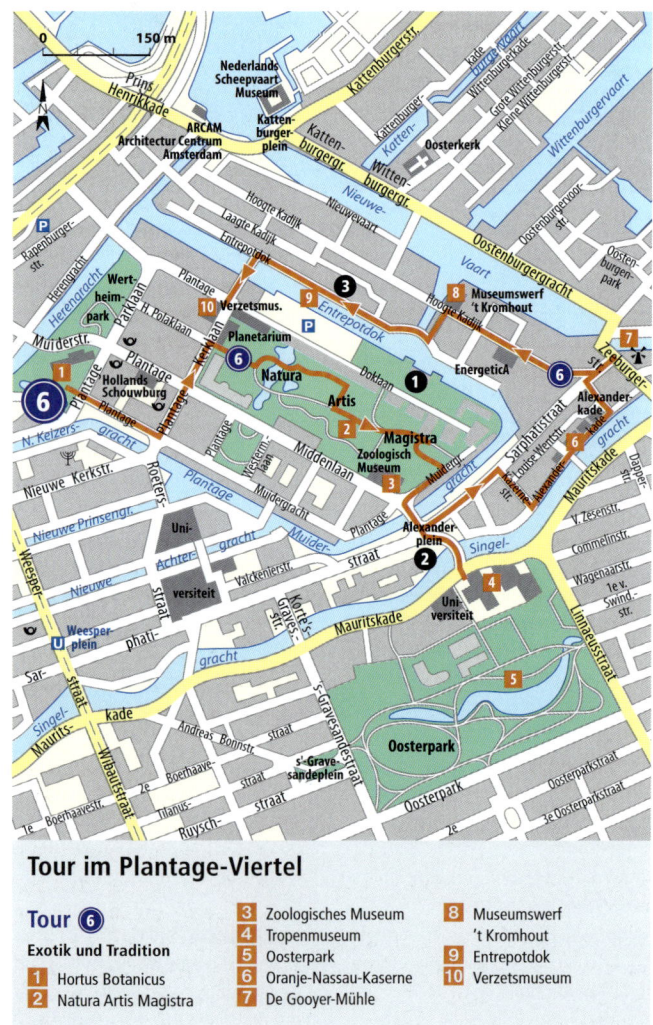

Tour im Plantage-Viertel

Tour 6

Exotik und Tradition

1 Hortus Botanicus
2 Natura Artis Magistra

3 Zoologisches Museum
4 Tropenmuseum
5 Oosterpark
6 Oranje-Nassau-Kaserne
7 De Gooyer-Mühle

8 Museumswerf
't Kromhout
9 Entrepotdok
10 Verzetsmuseum

heute international viel beachtetes und gefeiertes Wohnbauprojekt des Architekten Ab van Dien.

Tropenmuseum 4 [G/H4]

Exotische Exponate und ein engagiertes Rahmenprogramm zu den Kulturen der Welt machen den Reiz der nächsten Station aus: Im Tropenmuseum ist ein Teil dessen zu sehen, was die Kolonialherren in rund 200 Jahren aus den ehemaligen niederländischen Kolonien mitgebracht haben. Nach Erdteilen, Ländern und Themen sortiert, veranschaulichen die Exponate das Leben der Menschen in den Tropen und Subtropen in seiner ungeheuren Vielfalt. Man hört den Lärm einer Gasse in Kalkutta und sieht, wie ein arabisches Lehmhaus eingerichtet ist.

Eine Sonderschau ist der Bedeutung von Musik und Tanz in verschiedenen Kulturen gewidmet. Auf beeindruckende Weise präsentiert das Museum sakrale Gegenstände und Fetische der verschiedenen Naturreligionen Südostasiens. Neue Schwerpunkte sind die Migration sowie »Urban Islam«, eine Auseinandersetzung mit dem Lebensgefühl junger moslemischer Großstädter.

Eine der Dauerausstellungen widmet sich den Geschichten, die Reisende vergangener Zeiten aus allen Ecken der Welt mitgebracht haben und die sich um die großen, universalen Themen drehen – um Liebe, Intrigen und Mut.

Interessant ist das Angebot des integrierten Kindermuseums. Themen wie die Abholzung der Tropenwälder werden hier – leider nur auf Niederländisch – in kindgerechten Workshops behandelt.

Aufmerksamkeit verdient auch das Museumsgebäude: Der eklektizistische Bau entstand 1916–1923 nach Plänen des Architektenpaares Van Nieukerken als Sitz des Koloniaal Instituut. Er ist mit Skulpturen, Reliefs und Schmiedearbeiten dekoriert (Linnaeusstraat 2, Tel. 020/ 568 82 00, www.tropenmuseum.nl, Di–So 10–17 Uhr, in den Ferien tgl., 15 €, 4–18 Jahre, Studenten 8 €).

Zwischenstopp: Restaurant

Auf dem Weg vom Tropenmuseum zur Straßenbahn am Alexanderplein kann man in dem angenehm eingerichteten Restaurant **Elkaar** 2 €€–€€€ [G4] einkehren und sich mittags mit einem zweigängigen Lunch-Menü mit Saisonzutaten stärken. Abends gibt es Drei-, Vier- und Fünf-Gänge-Menüs.

- Alexanderplein 6 | Tel. 020/330 75 59 www.etenbijelkaar.nl
  Di–Fr, So 12–14.30,
  tgl. außer Mo 18–22 Uhr

Oosterpark 5 [G4–H4]

Direkt hinter dem Tropenmuseum breitet sich der Oosterpark aus. Die islamischen Großfamilien, die sich auf den Wiesen zum Picknick treffen und von verschleierten Frauen verköstigt werden, leben im Viertel rund um den Park, viele illegal.

Architekturliebhaber sollten der Singelgracht weiter nach Osten folgen: An der Alexanderkade stehen fünf moderne Wohntürme eines internationalen Architektenteams auf dem Gelände der **Oranje-Nassau-Kaserne** 6 [H4]. Das Gebäude

129

mit der stilisierten Lotusblüte ist das Werk des japanischen Architekten Kouzi Yagi; das Haus mit dem Säulenkapitell auf dem Dach stammt vom Reißbrett eines griechischen Architekten.

Shopping

Ein Spaziergang über die Mauritskade führt zur Dapperstraat mit ihrem **Dappermarkt** [H4], einer kleineren Variante des Albert-Cuyp-Markts. Hier ist alles nicht so schick und wird auch nicht so adrett dargeboten, die internationale Kundschaft jedoch schätzt den Markt wegen der günstigen Preise.

De Gooyer-Mühle 7 [H3]

An der Schnittstelle der alten Stadt und ihrer hypermodernen Siedlung IJburg steht in der Funenkade 5 die letzte von einst fünf Windmühlen als Relikt aus der Vergangenheit. Die De Gooyer-Mühle stammt aus dem Jahr 1725. Neben der alten Kornmühle lockt die kleine **Brouwerij 't IJ**, deren Bierspezialitäten man direkt neben den Sudkesseln verkosten kann (www.brouwerij hetij.nl, tgl. 14–20 Uhr, Führungen in Englisch Fr–So 15.30 Uhr, 5 € inkl. ein Freibier).

Museumswerf 't Kromhout 8 [G3]

Im Nautischen Quartier von Amsterdam, das sich zwischen Schreierstoren und Zeeburgerdijk erstreckt, findet sich unter den mächtigen, mehr als 100 Jahre alten Metalldächern an der Nieuwevaart eine der ältesten Werften der Stadt. In den Hallen sind u. a. historische

Schiffsmaschinen und eine noch funktionierende Schiffsschmiede zu sehen (Hoogte Kadijk 147, Tel. 020/627 67 77, www.kromhoutmotoren museum.nl, Di 10–15 Uhr).

Zwischenstopp: Restaurant

Im kleinen **Coffee to Walk** 3 € [G3] kann man richtig gut frühstücken oder brunchen, mit Sandwiches, Rührei, Speck und allem, was sonst noch dazugehört.
• Plantage Middenlaan 44
  Tel. 06/11 51 00 53
  Mo–Fr 8–17, Sa/So bis 16 Uhr

Wer sich noch über die Geschichte der Niederlande während ihrer Besatzung durch die deutsche Wehrmacht informieren will, sollte über das **Entrepotdok** 9 [G3] zurück zur Plantage Keerklaan schlendern.

Verzetsmuseum 10 [G3]

Dem Planetarium gegenüber dokumentiert das Widerstandsmuseum den Alltag der Niederländer zwischen Mai 1940 und Mai 1945 und ihren Widerstand gegen die Besatzer. Die Dauerausstellung wurde zur besten historischen Ausstellung des Landes gewählt. Mit seinen wechselnden Schauen zu Themen rund um den Zweiten Weltkrieg und als Ergänzung zum Anne-Frank-Huis › S. 94 ist dieses Museum ein Muss für historisch Interessierte (Tel. 020/620 25 35, www.ver zetsmuseum.org, Di–Fr 10–17, Sa bis Mo ab 11 Uhr, 10 €, 7–15 Jahre, Studenten 5 €).

Die Brücke des Rotterdamer Büros West 8, die Sporenburg und Borneo verbindet

ÖSTLICHES HAFENGEBIET

Kleine Inspiration

- **Auf der Jan Schaeferbrug radeln** hinüber zum Java-Eiland › S. 133
- **Im Hangar Loods 6 das A.H.O.I besuchen,** ein Info-Zentrum zur Stadtentwicklung › S. 134
- **Eine Runde Billard im Kanis & Meiland spielen** und immer mal wieder aus den großen Fenstern aufs Wasser schauen › S. 134
- **Sich der Illusion hingeben,** dass die Häuser entlang der Scheepstimmermanstraat auf Borneo-Eiland in die Gracht stürzen › S. 135
- **Spannende Gesprächspartner finden** auf der Terrasse des Lloyd Hotel › S. 136

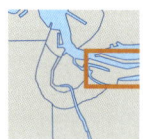

Etwas anstrengend, aber lohnend ist die Tour durch das Archipel der wahr gewordenen Architektenträume. Die Wohn- und Bürokomplexe auf den künstlichen Inseln im Östlichen Hafengebiet stammen von den Zeichentischen weltbekannter Architekturstars und kombinieren niederländischen Pragmatismus mit höchst eigenwilligen Form- und Materialspielereien. Ohne das Eingreifen der aktiven Amsterdamer Hausbesetzer-Szene jedoch wäre keines der neuen Apartments auf dem Wasser je Realität geworden.

Nachdem Indonesien im Niederländisch-Indonesischen Krieg (1945 bis 1949) sich die Unabhängigkeit erkämpft hatte, lag der Handel der Niederlande mit dem Osten und so auch der Amsterdamer Osthafen still. 1979 verließ als letzte die Königlich-Niederländische-Dampfschifffahrtsgesellschaft das nach ihr benannte KNSM-Eiland. Die leeren Piers und Lagerhäuser verfielen zusehends, das Lloyd-Hotel wurde als Jugendgefängnis umgenutzt, ein planloser Abriss setzte ein.

Doch Hausbesetzer, Künstler und Kreative erkannten das Potenzial der funktionalen alten Gebäude, besetzten sie, brachten die Inseln als Wohngebiet ins Gespräch und sorgten dafür, dass der Rat der Stadt nicht die Standardlösungen des sozialen Wohnungsbaus umsetzte – wie es leider beim alten Schlachthof bereits geschehen war –, sondern stattdessen namhafte, interessierte Architekten bat, ihre Ideen zu verwirklichen.

Bruno Alberts Barcelonahuis auf KNSM-Eiland

Unterwegs im Östlichen Hafen

Inselhopping futuristisch

Verlauf: Muziekgebouw › BIMhuis › Passenger Terminal Amsterdam › Java-Eiland › KNSM-Eiland › Sporenburg/The Whale › Pythonbrug › Borneo-Eiland

Karte: Seite 134
Dauer/Distanz: 5–6 Std., ca. 10 km
Praktische Hinweise

- Die Straßenbahnen 10 und 25 bzw. der Bus Nr. 43 fahren am IJhaven entlang bis zum KNSM-Eiland bzw. Zeeburg.
- Geführte Touren zu verschiedenen Aspekten des gigantischen Siedlungsprojekts dauern ca. 4 Std. Sie werden veranstaltet vom Architekturzentrum ARCAM › S. 78 Tel. 020/620 48 78 | www.arcam.nl oder für Architekturfans von ArchEX | De Ruyterkade 128 Tel. 020/422 20 44 www.archex.info

Östlich der Centraal Station, am IJhaven, liegt das Oostelijk Havengebied. Im 19. Jh. schüttete man hier künstliche Inseln auf und schuf damit Platz für Piers, Schlachthof, Viehmarkt und Lagerhäuser für die Waren aus den Kolonien im Fernen Osten. Heute bietet das runderneuerte Viertel zwischen Eisenbahntrasse und IJhaven Platz für junge Amsterdamer, die in fünf Minuten mit dem Fahrrad an ihrem Arbeitsplatz sein wollen: Die Wohnungen im **Archipel** sind begehrt. Jeden Monat eröffnen zudem neue Boutiquen und Restaurants, schließlich wollen die Bewohner und Besucher mehr als nur Fassaden bewundern.

Tour-Start:

An den modernen Klangtempeln **Muziekgebouw aan 't IJ** › S. 49 und **BIMhuis** › S. 49 vorbei erreicht man die geschwungene Glasfront des **PTA (Passenger Terminal Amsterdam)** **1** [G2] und den 90 m hohen IJ-Tower. Von der Plattform auf dem Dach des 24 m hohen Passagierterminals, an dem jährlich über 100 Kreuzfahrtschiffe anlegen, hat man einen tollen Blick über den Hafen.

Zwischenstopp: Restaurant

Fifteen **1** €€ [G2] heißt das In-Restaurant des britischen Küchenentertainers Jamie Oliver im Pakhuis Amsterdam. Am Herd und im Service werden **!** Jugendliche mit schwieriger Vergangenheit ausgebildet.

- Jollemanhof 9 Tel. 020/509 50 15 www.fifteen.nl Tgl. 17.30–23.30, Küche bis 22 Uhr

Java- & KNSM-Eiland ⭐ **12** [b–e1]

In elegantem Schwung führt die Jan Schaeferbrug hinüber zum **Java-Eiland,** wo an künstlichen Kanälen moderne Versionen des Amsterdamer Grachtenhauses stehen.

133

Alle 27 m hat ein anderer Architekt die Straßenzüge gestaltet, eine bunte, variantenreiche Fassadenlandschaft entstand. Die Menschen leben auch hier eng aneinander, die Häuser sind jeweils nur 4,5 m breit. In den grünen Innenhöfen können Kinder ungestört spielen. **❗** Neun originelle Stahlbrücken verbinden die Wohnquartiere, die sich nach Osten zum Azartplein hin öffnen, dem Übergang zum **KNSM-Eiland.**

Dort, wo einst die Dampfschiffe der Koninklijke Nederlandse Stoomboot Maatschappij (KNSM) nach England und Amerika ablegten, entstanden unter der Federführung des niederländischen Architekten Jo Coenen über 3000 Wohneinheiten mit Blick aufs Wasser. Diese kompakten Blocks unterbrechen die beiden Halbkreise des Apartmentkomplexes **Barcelonahuis 2** [e1] des belgischen Architekten Bruno Albert sowie die riesige versteinerte Welle des **Piräusbaus 3** [d1] der deutschen Architekten Hans Kollhoff und Christian Rapp aus Berlin.

Im alten Hangar **Loods 6 4** [d1] informiert das Zentrum A.H.O.I (Amsterdam Havens-Oost Informatiepunt) über die Geschichte, die Architektur und die Stadtentwicklung des Oostelijk Havengebied (www.loods6.nl).

Zwischenstopp: Café

Im **Kanis & Meiland 2** €–€€ [d1] sorgen Schiffsmodelle und Seekarten zwischen Grünpflanzen und Clubsesseln

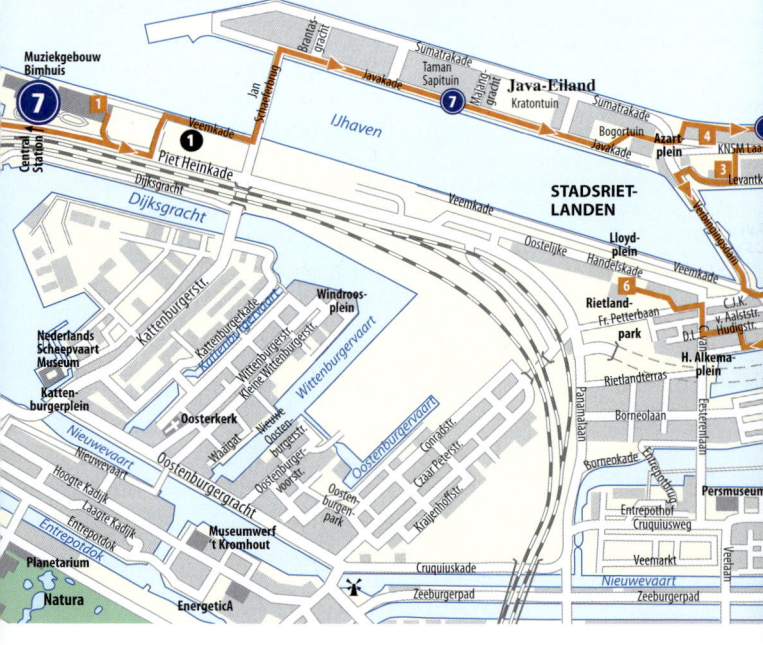

für maritimes Flair und ein Billardtisch
für Zeitvertreib.

• Levantkade 127
Tel. 020/737 06 74
www.kanisenmeiland.nl
Mo–Fr 8.30–1, Sa/So ab 10 Uhr

Shopping

Loods 6 [d1] ist auch eine wichtige
Adresse für Design-Shopper. Auf der
Webseite www.loods6.nl kann man sich
über die einzelnen Läden informieren.

Sissy-Boy [d1] bietet neben bunter,
modischer Kleidung auch Kaffee, Kuchen, Suppen und belegte »broodjes«.

• KNSM laan 19
Tel. 020/419 15 59
www.sissy-boy.nl
Di–Sa 9–18, So/Mo ab 10 Uhr

Sporenburg ⭐ [d–f2]

Wie ein gestrandeter Wal liegt die
silbern glänzende Hülle von Frits
van Dongens **The Whale** **5** [e2] am
Baron G. A. Tindalplein. Der Wohnblock ist das Wahrzeichen der Insel
Sporenburg. In starkem Kontrast zu
den opulenten Bauten schaukeln
aber auch immer noch Hausboote
im Wasser. Sie könnten bereits hier
über die rote Brücke vom Rotterdamer Büro West 8 das Spoorwegbas-
sin überqueren, abenteuerlicher ist
es aber, etwas weiter westlich auf
den stählernen Wellen der steilen
Pythonbrug zu spazieren. **50 Dinge**
6 › **S. 12**. Die rot lackierte Fußgängerbrücke, ebenfalls vom Büro West
8, gewann internationale Preise.

Borneo-Eiland ⭐ [d–f2]

Auf Borneo ließ sich das Büro
West 8 von der geschlossenen Front
alter Lagerhäuser inspirieren, ver-
sah die Gebäude jedoch mit luftigen
Patios. In der Scheepstimmermanstraat im Osten Borneos scheinen
die Häuser in die Gracht zu stürzen.
Sie sind »aus der Flucht gebaut« wie
seinerzeit die alten Amsterdamer
Grachtenhäuser.

Tour im Östlichen Hafengebiet

Tour ⑦
Inselhopping futuristisch

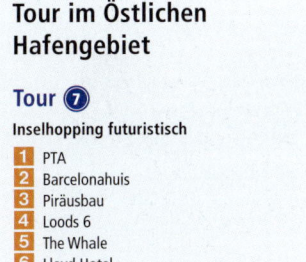

1 PTA
2 Barcelonahuis
3 Piräusbau
4 Loods 6
5 The Whale
6 Lloyd Hotel

Oben: Moderne Grachtenhäuser
Rechts: Am Strand von Zandvoort

Einst Treffpunkt der Auswanderer und danach Jugendgefängnis, fungiert es heute als ❗ Hotel und Treffpunkt für Weltenbummler.

Seit Kurzem erhebt sich neben dem Kaufhaus Brazilië ein moderner Pavillon auf dem aufgehübschten **Lloydplein**, der sich zu einer beliebten Eventlocation im Archipel entwickelt hat: Messen, Festivals, ein schwimmender Hausbootmarkt und Straßenkünstler sorgen für willkommene Abwechslung.

Hotel

Lloyd Hotel €–€€€ [d2]
Zimmer in fünf unterschiedlichen Preiskategorien und von über 50 (Nachwuchs-) Designern kreierte Räume.
• Oostelijke Handelskade 34
  Tel. 020/561 36 07
  www.lloydhotel.com

Ein weiterer architektonischer Glanzpunkt mit großer Vergangenheit und vielversprechender Zukunft ist das **Lloyd Hotel** 6 [d2].

Bauen ohne Grenzen

Bezahlbar müssen sie sein, aber auch hell, luftig und originell, denn Amsterdamer mögen keine uniformen Wohnungen. Dieses Votum führt seit 400 Jahren immer wieder zu spektakulären Projekten: Zu großartigen Herrenhäusern im Grachtengürtel, zu den verschachtelten Quartieren im Jordaan, zu den fantasievollen Wohnblöcken der Amsterdamer Schule, zum Stahlbetonghetto von Bijlmermeer sowie zu den weltweit bewunderten Siedlungsgebieten im Archipel des Östlichen Hafengebiets.

Witzige Details adeln die fünf auffälligen Wohntürme auf dem Gelände der ehemaligen Oranje-Nassau-Kaserne; in den Lagerhäusern des Entrepotdok entstanden einfallsreiche Sozial- und Eigentumswohnungen; im östlichen Hafenbecken am Ufer des IJ wachsen zwischen aufpolierten Lagerhallen und runderneuerten Industriebauten futuristische Wohnkomplexe in den Himmel. Auf der KNSM-Insel und in Sporenburg zeigen Monumentalbauten die neue Dimension des Wohnens im dritten Jahrtausend: Der Piräuskomplex und The Whale sind Glanzpunkte der Stadtentwicklung. Die Fachwelt ist begeistert, die Mieter in der schönen neuen Wohnwelt genießen den freien Blick auf das IJ und klagen über zu kleine Briefschlitze.

AUSFLÜGE & EXTRA-TOUREN

Kleine Inspiration

- **Sich im Keukenhof einweihen lassen** in die Kunst des Blumensteckens › S. 138
- **Dem Zauber von Monnickendam erliegen** bei einem gemütlichen Spaziergang › S. 140
- **Flämische Malerei bewundern** im Frans-Hals-Museum in Haarlem und anschließend im Hofje Zonder Zorgen leckere »broodjes« verspeisen › S. 143
- **Zu den Schleusen von IJmuiden radeln** und zusehen, wie riesige Ozeanschiffe durch die schmale Passage fahren › S. 144

Amsterdam ist groß, aber nicht riesig. Mit dem Auto, mit der Bahn oder – warum nicht? – dem »Fiets« ist man schnell im Umland, wo es viel zu entdecken gibt.

Ausflüge

 ## Aalsmeer und Keukenhof

Verlauf: Amsterdam › Aalsmeer › Keukenhof

Karte: Seite 141
Dauer/Distanz: 1 Tag, 80 km
Praktische Hinweise:

- Pkw oder organisierter Ausflug ab Dam.
- Ab Damrak 34 und Flughafen Schiphol pendelt während der Blütensaison der Keukenhof-Express. Tickets dafür sind in den Tourist-Informationsbüros erhältlich.
- Der Keukenhof ist von Ende März bis zum dritten Maiwochenende tgl. von 8–19.30 Uhr geöffnet.
- Für die Blumenauktion in Aalsmeer sollte man möglichst früh aufstehen. Denn Sie beginnt bereits um 7 Uhr morgens.

Tulpen waren im 17. Jh. das Verhängnis manch eines Spekulanten. Heute sind sie der Grund für einen Ausflug in die Bollenstreek, das blühende Dreieck zwischen Sassenheim, Hillegom und Lisse im Südwesten von Amsterdam.

Tour-Start:

Das Zentrum des floralen Geschäfts befindet sich in **Aalsmeer** **1**, Europas größtem Handelsplatz für Blumen und Grünpflanzen. Ungefähr 3500 Züchter der Vereenigde Bloemenveilingen Aalsmeer wetteifern allmorgendlich in der größten Auktionshalle der Welt um die besten Preise – für Besucher ein einmaliges Spektakel (Legmeerdijk 313, Mo–Fr 7–11 Uhr).

Mitten im blühenden Dreieck hinter den Nordseedünen liegt der **Keukenhof** **2** ⭐. Das 32 ha große Gelände in der Nähe der Blumenzwiebelstadt Lisse ist seit 1949 das Blütenparadies schlechthin und ein beliebtes Ausflugsziel. Im Park und auf den Feldern blühen von Ende März bis zum dritten Maiwochenende etwa 800 verschiedene Tulpensorten, dazu Millionen anderer Schnittblumen. Jedes Jahr stecken die Gärtner im Keukenhof etwa 7 Mio. Blumenzwiebeln, pflanzen riesige Blütenmosaike und prachtvolle Ornamente. In Glashäusern bei Themenschauen und im Prinz-Willem-Alexander-Pavillon können neu gezüchtete Sorten bewundert und eine Show über die Kunst des Blumensteckens besucht werden (Nationale Blumenausstellung Keukenhof, Stationsweg 166a, 2161 AM Lisse, Tel. 0252/46 55 55, www.keu kenhof.nl).

Höhepunkt des blühenden Überschwangs ist der große **Blumenkorso** mit aufwendig gestalteten Prunkwagen, der am vor- oder letzten Samstag im April von Noordwijk nach Haarlem führt. Blumenfreunde aus der ganzen Welt flankieren die 40 km lange Strecke (www.bloe mencorsobollenstreek.nl).

Radtour ins Waterland

**Verlauf: Amsterdam Noord ›
Landsmeer › Zaanse Schans ›
Purmerend › Edam › Volendam ›
Monnickendam › Broek in Water-
land › Amsterdam**

Karte: Seite 141
Dauer/Distanz: 1 Tag, 55 km
Praktische Hinweise:
- Ausflug per Fahrrad (Leihmöglich-
keiten › S. 36) oder mit dem Auto.
- Die Fahrradwege durch die Polder-
landschaft sind vorbildlich ausge-
schildert. Gegenwind möglich!
- Im Touristeninformationszentrum
kann man auch eine organisierte
Halbtagestour zu den Fischer-
dörfern buchen (ab 30 €).

Dörfliche Idylle, alte Mühlen, flämische Backsteinarchitektur und viel frischer Wind erwarten Ausflügler im flachen Waterland zwischen dem Fluss Zaan und dem IJsselmeer.

Tour-Start:

Mit der IJveer, der IJ-Fähre, die im 5-Minuten-Takt hinter der Centraal Station ablegt, setzt man über zum Buiksloterweg. Dort ist der Fahrradweg in Richtung Landsmeer markiert. Der erste Abschnitt der Tour führt durch ein Gewirr von Wohnstraßen, Autobahnunterführungen und Baustellen. Zwischen den schmucken Klinkerfassaden von Landsmeer biegt die Route nach links ab in Richtung Zaanstad. Auf den folgenden Kilometern reiht sich schließlich in dichter Folge ein Idyll ans nächste.

Zaandam 3 war im 17. Jh. ein berühmtes Handwerkszentrum. Der junge Russe Peter Michaelof war einer unter vielen ausländischen Lehrlingen, die dort das Zimmererhandwerk und den Schiffsbau erlernen wollten. Die Lehre nahm ein Ende, als der Herzog von Marlborough das Inkognito lüftete: Zar Peter der Große hatte sich als Lehrling verdingt. Sein Häuschen, das Csaar Peter Huisje, steht in **Zaanstad** 4 in der Gasse Krimp 23. Seit dem Jahr 1911 erinnert ein Denkmal auf dem Marktplatz an den fleißigen Herrscher, dessen Lehrzeit den Komponisten Albert Lortzing (1801–1851) zur komischen Oper »Zar und Zimmermann« inspirierte.

Zaanse Schans Museum 5 ★

Ein Besuch des Freilichtmuseums führt auf den Kalveringdijk, wo am Ufer der Zaan grün-weiß gestrichene Holzhäuser und Mühlen aus dem 17. Jh. zu einem malerischen Ensemble mit eigenem Dorfladen, einer Käserei und der Werkstatt eines Holzschuhmachers › **S. 46** zusammengestellt wurden. Sehenswert ist aber auch die Ölmühle De Zoeker aus dem Jahr 1672 (Schansend 7, 1509 AW Zaandam, Tel. 075/681 00 00, www.zaanseschans.nl, tgl. 10–17 Uhr, pro Sehenswürdigkeit 4 €, bis 12 Jahre 2 €; mit der Zaanse-Schans-Card 15 €, 4–7 Jahre 10 €).

Purmerend 6

Wer sich den Abstecher nach Zaanstad und somit etwa 10 km Weg sparen will, hält sich hinter Oostzaan beim Bauernhof De Heul rechts und radelt weiter am Naherholungsgebiet Twiske vorbei nach Purmerend, einer typischen holländischen Kleinstadt. Am Kaasmarkt 16 kann man das **Museum Waterland** mit seinen interessanten Exponaten

Ausflüge

Tour 8
Aalsmeer und Keukenhof

1 Aalsmeer
2 Keukenhof

Tour 9
Radtour ins Waterland

3 Zaandam
4 Zaanstad
5 Zaanse Schans museum
6 Purmerend
7 Edam
8 Volendam

9 Monnickendam
10 Broek in Waterland
11 Haarlem
12 Wijk aan Zee
13 Bloemendaal
14 Seehafen IJmuiden
15 Zandvoort

zur Regionalgeschichte besichtigen
(Tel. 0299/42 26 05, www.museum
waterland.nl, Di–So 12–17 Uhr).

Edam 7 ⭐

Danach ist eine Verschnaufpause in
der »Perle an der Zuiderzee« angesagt. Flämische Backsteinarchitektur beherrscht das Zentrum. Auf
dem Damplatz steht das **Rathaus**
mit dem Stadtmuseum. Sehenswert
sind die spätgotische **Grote Kerk** mit
ihren schönen Buntglasfenstern aus
der Zeit um 1600 und der **Speel-
toren** mit seinem Glockenspiel. Von
den ca. 30 Werften, auf denen vom
13. bis 18. Jh. Schiffe für die niederländische Kriegs- und Handelsflotte
gebaut wurden, ist keine erhalten.

Volendam 8 ⭐

Turbulent geht es in den Gassen
und auf den Zugbrücken des nur
4 km entfernten malerischen Städtchens zu. Das ehemalige Fischerdorf
ist mit seiner unübersehbaren **Wind-
mühle** ein Touristenziel. Frauen in
Flügelhauben stehen an den Souve-
nirständen auf der **Promenade,** Net-
ze sind auf Fischerboote drapiert
und kostümierte Fischer schlurfen
über das Pflaster.

Monnickendam 9 ⭐

Wer eine nordholländische Kleinstadt in relativer Ruhe erleben will,
muss 8 km am Deich des Marker-
meers entlang in die Pedale treten.
In Monnickendam hat sich der Zauber eines uralten Städtchens erhalten, auch wenn im Hafen die modernen Jachten der Amsterdamer
Schickeria liegen. Der Ort ist einer

Freilichtmuseum Zaanse Schans

der ältesten der Niederlande. Seine
Aalräuchereien und der Herings-
handel sind seit Jahrhunderten
dokumentiert. Die mittelalterlich
verwinkelten Gassen und die Giebelhäuser mit den schmucken Fassaden laden zu einem Spaziergang
durch das 16. und 17. Jh. ein.

Broek in Waterland 10

Aus dem Backsteinidyll führt nun
ein Radweg über Ziderwoude durch
plattes, grünes Land zuerst nach
Broek in Waterland mit seinen ro-
mantischen Holzhäuschen und weiß
lackierten Zugbrücken. Wer das
rund um den Teich t' Havenrak angelegte Dorf vom Wasser aus erkunden will, kann bei Fluisterbootvaren
ein Boot, Kanu oder Kajak leihen
(Drs. J. van Disweg 4, 1151 DA Broek in Waterland, Tel. 06/37 52 56 40,
www.fluisterbootvaren.nl).

Nach einem Bummel durch das
Dorf, dessen grün-weiß gestrichene
Häuschen typisch sind für die alten
Siedlungen im Waterland, nähert
sich der Radfahrer wieder der Sky-
line der Metropole Amsterdam. Im
Südosten zeichnet sich die Silhou-

ette des niemals vollendeten Kirchturms von Randsdorp aus dem Jahr 1524 ab. Zum Schluss geht es dann parallel zu den Autobahnzubringern durch Neubausiedlungen zurück zum Fähranleger.

Info

VVV Edam
• Damplein 1 | 1135 ZJ Edam
  Tel. 0299/31 51 25 | www.vvv-edam.nl

VVV Volendam
• Zeestraat 37 | 1131 ZD Volendam
  Tel. 0299/36 37 47
  www.vvv-volendam.nl

Große Kunst in Haarlem **11**

St. Bavo › Rathaus › Kunsthallen › Teylers Museum

Dauer/Distanz: 1 Tag, ca. 26 km
Praktische Hinweise:
• Da die Radstrecke nach Haarlem parallel zu viel befahrenen Straßen führt, empfiehlt sich die Anreise per Bahn. Ab Centraal Station fahren Züge im 30-Minuten-Takt.
• Eine »Dagkaart« erhält man an den Automaten in der Bahnhofshalle.

Selbstbewusst und gastfreundlich präsentiert sich die Geburtsstadt des Malers Frans Hals, des Schriftstellers Harry Mulisch, des Cellisten Pieter Wispelwey und anderer weltberühmter Niederländer mit ihrem Zentrum rund um den Grote Markt und die gewaltige St.-Bavo-Kerk.

St.-Bavo-Kerk

Nach dem großen Stadtbrand des Jahres 1370 begann man mit dem Bau des Gotteshauses. 170 Jahre später war die spätgotische Kreuzbasilika mit ihrem 80 m hohen Vierungsturm vollendet. Der Eingang südlich des Chores versteckt sich zwischen den vielen Anbauten.

Im Kircheninneren glänzt über dem Hauptschiff eine kunstvoll gearbeitete Zedernholzdecke; prächtige Malereien zieren die Gewölbebögen; das Chorgestühl und der Lettner stellen meisterliche Arbeiten aus dem frühen 16. Jh. dar. Berühmt sind die Konzerte auf der Orgel von Christian Müller (1735), auf der u. a. auch Händel und Mozart gespielt haben (Grote Markt 22, www.bavo.nl, Mo–Sa 10–17, Juli/Aug. auch So 12–16 Uhr, 2,50 €, 12–16 Jahre 1,25 €; Mai–Okt. kostenlose Orgelkonzerte).

Kunsthallen

Gegen den sakralen Prachtbau von St.-Bavo kann das Rathaus auf der Gegenseite des Grote Markt nur mit Mühe bestehen. Seit 1460 bildet sein schlanker Turm das Wahrzeichen der Stadt, die früher der Stammsitz der Grafen von Holland war und stolz ist auf ihre Geschichte als Handels- und Kunstzentrum. Ganz in dieser Tradition stehend haben die Stadtväter in der reich verzierten Vleeshal (Fleischhalle) aus dem 17. Jh. ein Museum für Moderne Kunst eingerichtet: **De Hallen** (Grote Markt 16, www.dehallen.nl, Di–Sa 11–17, So ab 12 Uhr, 10 €, ermäßigt 5 €, bis 18 Jahre frei).

Nachwuchstalente haben nebenan im Galeriemuseum **De Vishal** (Fischhalle) die Gelegenheit, ihre Werke zu präsentieren (Grote Markt 20, www.devishal.nl, Di–Sa 11–17, So ab 13 Uhr).

Museen

Das **Teylers Museum** ist eine Stiftung des reichen Haarlemer Seidenfabrikanten Pieter Teyler van der Hulst. Seit 1784 wächst diese älteste Sammlung der Niederlande, die in einem ehemaligen Bankgebäude am Spaarne untergebracht ist. Ihre Schätze werden in Wechselausstellungen präsentiert (Spaarne 16, Tel. 023/516 09 60, www.teylersmuseum.eu, Di–Fr 10–17, Sa/So ab 11 Uhr, 12,50 €, 6–17 Jahre 2 €).

Im **Frans-Hals-Museum** sind neben Werken des aus Haarlem stammenden Meisters aus dem 17. Jh. auch Arbeiten weniger bekannter Wegbereiter der flämischen Malerei ausgestellt. Die bedeutende Sammlung ist im einstigen Altmännerhaus untergebracht (Groot Heiligland 62, Tel. 023/511 57 75, www.franshalsmuseum.nl, Di–Sa 11–17, So ab 12 Uhr, 12,50 €, 19–24 Jahre 6 €, unter 18 Jahre frei).

Nach dem Kunstgenuss lohnt ein Streifzug durch die liebevoll mit Pflanzen geschmückten Gassen der Altstadt wie z. B. die Korte Houtstraat an der Nieuwe Kerk.

Info

VVV Haarlem
• Grote Markt 2 | 2011 RD Haarlem
  Tel. 023/531 73 25
  www.haarlemmarketing.nl

Café & Restaurant

Hofje Zonder Zorgen € ist eine Mischung aus Bio-Café, Galerie und Lesesaal, wo leckere Säfte, Suppen oder »broodjes« serviert werden.
• Grote Houtstraat 142a
  Tel. 023/531 06 07
  www.hofjezonderzorgen.nl
  So–Fr 10–17, Sa bis 18 Uhr

Eine Institution für Asienfreunde ist **De Lachende Javaan** €–€€. Nicht nur die würzige »Rijstafel« ist zu empfehlen.
• Frankestraat 27 | Tel. 023/532 87 92
  www.delachendejavaan.com
  Di–So 17–22 Uhr

An die Nordseeküste

Amsterdam › Wijk aan Zee › IJmuiden › Zaandvoort

Dauer/Distanz: 1–2 Tage, 50 km
Praktische Hinweise:
• Im 30-Minuten-Takt verbindet ein IC Amsterdam mit Zandvoort und Beverwijk (dort weiter mit dem Bus nach Wijk aan Zee).
• Für die Besichtigung der Schleusen bei IJmuiden braucht man jedoch ein Fahrzeug oder Leihräder.
• Im Sommer sind Hunde an den Stränden verboten.

Endlose Strände, eine bezaubernde Polder- und Dünenlandschaft sowie ausgefeilte Technik sprechen für den Abstecher an die Küste. In einer halben Stunde sind die Amsterdamer am Meer. Kein Wunder also, dass es in **Wijk aan Zee** 12 und **Bloemendaal** 13 vor allem während der Ferien und an Wochenenden richtig voll wird. Ansonsten jedoch kann man ruhige Strandbummel unternehmen, herrlich in den Dünen faulenzen und an den Buden das ein oder andere Krabbenbrötchen essen.

Von Mai bis September ist das **Freilufttheater Bloemendaal** in den Dünen ein interessanter kultureller Treff am Nordseestrand (Openluchttheater en Wandelpark Caprera, Hoge Duin en Daalseweg 2, 2061 AG Bloemendaal, Tel. 023/ 525 00 50, www.openluchttheater bloemendaal.nl).

Seehafen IJmuiden 14

Ein kühnes Projekt bescherte Amsterdam den direkten Zugang zur Nordsee: 1876 ließ König Willem I. zur Förderung des Seehandels eine Sandbank zwischen der Stadt und der Nordsee durchstechen und den Noordzeekanaal betonieren. Schleusen sollten das Binnenland vor Überschwemmungen schützen. Als Königin Wilhelmina 1930 die Schleusenanlage von IJmuiden einweihte, war sie die größte der Welt.

Heute wacht ein rund 35 m hoher roter Leuchtturm über den Komplex der Zuidersluizen, die sich computergesteuert öffnen und schließen, um Ozeanriesen, Küstenfischer und Versorgungsboote für die Offshore-Bohrtürme passieren zu lassen. Vom IJhaven aus kann man den kniffeligen Manövern zusehen, mit denen die Kapitäne ihre riesigen Schiffe durch die schmalen Passagen lenken.

Hotel
Augusta €€
Seit 100 Jahren mischt das Jugendstilhaus Seefahrerromantik und bürgerliche Eleganz. Schummriges Licht und altmodische Tapeten sorgen für nostalgischen Charme in der »Herenkamer«, im Salon Café und im Restaurant. Das Hotel verleiht auch Fahrräder.
- Oranjestraat 98 | 1975 DD IJmuiden Tel. 0255/51 42 17 | www.augusta.nl

Zandvoort 15
Werden im Circuit Park von Zandvoort Rennen gefahren, gehen die Nordseewellen im Lärm der Boliden unter. Lärmbelästigung einerseits, der Profit aus dem Rennbetrieb andererseits sind umstrittene Themen im Badeort, denn Hunderttausende von Motorsportfans nutzen seine Infrastruktur für diverse Veranstaltungen. Ein Formel-1-Rennen fand hier zuletzt 1985 statt. Spektakulär sind auch die Rennen der Kitesurfer, die am 9 km langen Sandstrand von Zandvoort ideale Bedingungen vorfinden.

Restaurants
Zum Abhängen trifft man sich in Strandbars wie **Havana aan Zee** €
- Boulevard Paulus Loot 1c
  2042 AD Zaandvoort
  Tel. 023/571 43 21
  www.havana-zandvoort.nl
  Mitte Feb.–Anf. Okt. tgl. 8.30–24 Uhr

oder in der **Mango's Beach Bar** €
- Boulevard Barnaart 15
  2041 JA Zandvoort | Tel. 023/571 27 88
  www.mangosbeachbar.nl
  Mitte Feb.–Anf. Okt. tgl. 10–24 Uhr

Extra-Touren

 Amsterdam für Tagesbesucher

Verlauf: **Centraal Station** › **Dam** › **Rokin** › **Rijksmuseum** › **Vondelpark** › **Leidseplein** › **Grachtenrundfahrt**

Dauer und Distanz: Reine Gehzeit ca. 5 Std., insgesamt 1 Tag; 7 km
Verkehrsmittel:
Straßenbahn Linie 5 ab Centraal Station zum Museumplein (24-Stunden-Ticket 7,50 €) oder per Grachtenboot Canal Bus bzw. Hop-on-Hop-off-Canal-Bus (www.canal.nl/de, Tagesticket für 21 €)

Was tun, wenn man ein paar Stunden Aufenthalt am Flughafen Schiphol hat oder die Zeit nur für eine Stippvisite an der Amstel reicht? Nun, die wichtigsten Attraktionen der Stadt kann man im Schnelldurchlauf an einem Tag schaffen – mit etwas Sportsgeist sogar zu Fuß.

Bei den Tourist-Informationsbüros auf Gleis 2 des Hauptbahnhofs sowie direkt vor der **Centraal Station** › S. 74 erhält man Tagestickets für die zentralen Tramlinien oder die Grachtenboote, deren Haltestellen bzw. Anleger nur wenige Schritte entfernt liegen, und schon kann die Erkundung losgehen: Den zentralen Stadtplatz **Dam** › S. 81 rahmen im Uhrzeigersinn das **Koninklijk Paleis** › S. 82, die **Nieuwe Kerk** › S. 81, das Kaufhaus Bijenkorff, das Grand Hotel Krasnapolsky und Madame Tussauds Wachsfigurenkabinett stimmungsvoll ein. Beim Gang entlang der prächtigen Fassaden auf dem Boulevard Rokin – oder auch durch die parallel verlaufende Einkaufsstraße Kalverstraat – erreicht man im Süden den **Munttoren** › S. 85. Dort beginnt der Blumenmarkt am **Singel** › S. 85.

Nach einem kurzen Bummel durch das **Spiegelkwartier** im Grachtengürtel › S. 98 steht man vor der neoklassizistischen Front des **Rijksmuseum** › S. 118, wo nach langen Umbauarbeiten die weltberühmten Werke flämischer und holländischer Meister, Rembrandts »Nachtwache« eingeschlossen, wieder in der Ehrengalerie im jetzt

Blumenzwiebeln auf dem Singel-Markt

lichtdurchfluteten Hauptgebäude zu sehen sind. Ein Spaziergang im **Vondel-park** › S. 115 und ein Imbiss in einem der Cafés rund um den **Leidseplein** › S. 97 stärken für den letzten typischen Amsterdamer Programmpunkt, eine knapp zweistündige **Grachtenrundfahrt** › S. 30, 98 durch das »Venedig des Nordens«.

Ein Wochenende an der Amstel

Verlauf: Rijksmuseum › **Van-Gogh-Museum** › **Vondelpark** › **Leidseplein** › **Rembrandtplein** › **Blumenmarkt am Singel** › **Begijnhof** › **Jordaan** › **Anne-Frank-Huis** › **Dam** › **KNSM- und Java-Eiland**

Dauer und Distanz: 2 Tage; 15 km

Verkehrsmittel:

Ab Centraal Station mit den Straßenbahnen 2 oder 5 bis Hobbemastraat; Rück-fahrt vom Vondelpark ins Zentrum mit den Straßenbahnen 1, 2 oder 5. Wer nachts vom Rembrandtplein zurück ins Zentrum fahren will, kann die Nachtbusse N 354, N 353 und N 70/71 nutzen (4,50 € pro Fahrt). Für Gruppen ab 10 Pers. organisiert Toptours (www.toptours.nl/de) Architektur-Kreuzfahrten ins Östliche Hafengebiet; das maritime Viertel rund um das Schifffahrtsmuseum wird regelmäßig von Schif-fen der Reederei Lovers angesteuert. Start: Anleger an der Prins Henrikkade am nördlichen Ende des Damrak, ab 16 €; Anmeldung unter Tel. 020/530 10 90, www.lovers.nl.

Der **1. Tag** eines Wochenendes in Amsterdam kann ganz im Zeichen der großen Kunst stehen: Rembrandt, Vermeer und die flämischen Meister sind mit ihren weltberühmten Gemälden im 2013 glanzvoll wiedereröffneten **Rijksmuseum** › S. 118 zu sehen. Hier ist ein Tête-à-Tête mit Rembrandts »Nachtwache«, mit Vermeers und Frans Hals' Werken wieder in der ein-drucksvollen Ehrengalerie des Hauptgebäudes möglich: mit ausgefeilten Lichtkonzepten und hypermodernen Präsentationstechniken. Wenige Schritte weiter gibt es »Van Gogh total« – im Original in Öl, Kohle, Bleistift und Aquarellfarben sowie auf Poster, Mousepads, Kaffeetassen und Regen-schirme gedruckt. Für einen Besuch im berühmten **Van-Gogh-Museum** › S. 119 sollten auch Museumsmuffel etwa zwei Stunden einplanen.

Danach ist Zeit für eine Pause im nahen **Vondelpark** › S. 115, einem eng-lischen Landschaftsgarten mit sommerlichem Kleinkunstprogramm und beliebten Terrassencafés. Sobald an den Grachten die Laternen angeschaltet werden, vollzieht sich der fließende Übergang zum Nachtleben. Dem Feier-abendbier folgen ein zweites und drittes »bierje«, an den Theaterkassen am **Leidseplein** › S. 97 bilden die Besucher erwartungsfrohe Grüppchen, wäh-rend sich das Partyvolk am **Rembrandtplein** › S. 104 in Stimmung trinkt.

Auf der Amstel herrscht immer reger Schiffsverkehr

Jetzt ist die schönste Zeit für einen Bummel durch den Grachtengürtel, für romantische Langzeitbelichtungen der **Magere Brug** › S. 100, gefolgt von einem Abendessen in einem der originellen Restaurants an der Utrechtsestraat, am **Spui** › S. 85 oder rund um die **Noorderkerk** › S. 107, wo bei schönem Wetter die Gasträume auf die Straße verlagert werden.

Der 2. Tag beginnt fröhlich-bunt mit einem Bummel über den Blumenmarkt am **Singel** › S. 85, wo die unglaubliche Vielfalt und Buntheit der Tulpen zu Spontankäufen verführt. Wer will, kann seinen Strauß einer der alten Damen im **Begijnhof** › S. 84 überreichen, die mit Engelsgeduld die Besucherströme vor ihren Fenstern ertragen.

Der nördliche Ausgang aus dem idyllischen Innenhof führt direkt zum **Amsterdam Museum** › S. 83, einem ehemaligen Waisenhaus, wo die reiche 750-jährige Stadtgeschichte präsentiert wird. In einer mit Glas überdachten hohen Passage des historischen Museums, der **Schuttersgalerij** › S. 84, hängen sehenswerte originale Gruppenporträts, die man auf einem einzigartigen Patchworkteppich abschreiten kann.

Hält man sich nun immer westwärts und orientiert sich dabei am Westertoren, dem Turm der **Westerkerk** › S. 94 mit der blau-rot-goldenen Kaiserkrone, erreicht man in wenigen Minuten den **Jordaan** › S. 107, das verwinkelte Quartier, einst Heimat der einfachen Leute, inzwischen aber auch bei Gut- und Besserverdienenden sehr beliebt. In den originellen Läden des Jordaans und in den versteckten idyllischen Innenhöfen, den **Hofjes S. 108,** werden ständig neue Geschäftsideen geboren. Viele davon sind kulinarischer Art. Wer sich für jüngere Geschichte interessiert, sollte am Nachmittag das **Anne-Frank-Huis** › S. 94 in der Prinsengracht 263 besuchen, in dem sich die aus Frankfurt am Main stammende jüdische Familie Frank bis 1944 versteckt hielt. Über die Radhuisstraat erreicht man dann den **Dam** › S. 81, den zentralen Stadtplatz, um den sich das **Koninklijk Paleis** › S. 82, die **Nieuwe Kerk** › S. 81, das Einkaufszentrum **Magna Plaza** › S. 44 und das schicke **Grand Hotel Krasnapolsky** › S. 37 gruppieren. Hier, im »Kras«, trifft man sich übrigens traditionell zum High Tea im Jugendstil-Wintergarten.

Wer sich dagegen für zeitgenössisches Bauen interessiert, sollte sich jetzt zum Anleger Prins Hendrikkade begeben, wo Bootsrundfahrten in das **Östliche Hafengebiet** › S. 131 starten.

Kultur total in Amsterdam

Verlauf: Rijksmuseum › Van-Gogh-Museum › Stedelijk Museum › Spiegelkwartier › Grachtenrundfahrt › Hermitage Amsterdam › Jüdisches Viertel › Rembrandthuis › Tuschinski Theater › Begijnhof › Amsterdam Museum › Oude Kerk › Museumshafen › Östliches Hafengebiet › Hortus Botanicus

Dauer und Distanz: 4 Tage (verlängertes Wochenende); 22 km
Verkehrsmittel:
Bus und Straßenbahn (Tickets › S. 29); Leihfahrrad (› S. 36) ab 7,50 € pro Tag.
Die Haltestelle Hobbemastraat der Straßenbahnen 2 und 5 (ab Centraal Station) bzw. Museumplein der Straßenbahnen 3 (ab Centraal Station) und 12 (ab Amstelstation) liegen rund ums Rijksmuseum. Die Hermitage Amsterdam erreicht man mit der Ⓜ **Weesperplein**. Ins Östliche Hafengebiet fahren die Tram 26 oder die Busse 42 und 43 (Haltestellen KNSMlaan bzw. Borneolaan). Vom Hortus Botanicus verkehren die Straßenbahnen 9 und 14 zurück ins Zentrum.

1. Tag Nach intensivem Kunstgenuss vor den weltberühmten Gemälden im **Rijksmuseum** › S. 118, im **Van-Gogh-Museum** › S. 119 und im **Stedelijk Museum** › S. 120 führt der Bummel über den immer belebten Museumplein vorbei am **Concertgebouw** › S. 121 zurück zur Stadhouderskade und über die Spiegelgracht hinein ins **Spiegelkwartier** › S. 98 mit seinen Antiquitätenläden und kleinen Idyllen am Wasser.

Auch das Fotografiemuseum **FOAM** › S. 99 an der Keizersgracht und die prächtigen Patrizierhäuser an der **Gouden Bocht** › S. 98, dem goldenen Bogen der Herengracht, sind lohnende Ziele. Den stimmungsvollen Abschluss des ersten Reisetages bildet eine abendliche Grachtenrundfahrt › S. 30. Sie kann mit Candlelight Dinner gebucht oder nach diversen thematischen Schwerpunkten ausgesucht werden.

2. Tag Als Dependance der St. Petersburger Eremitage präsentiert die **Hermitage Amsterdam** › S. 101 Kunstwerke von Weltrang aus der Sammlung der Zaren. Danach führt ein Fotobummel von der **Magere Brug** › S. 100 zur **Blauwbrug** › S. 100 und hinein ins **Alte Jüdische Viertel** › S. 86, wo v. a. die **Portugese Synagoge** › S. 87 und das **Rembrandthuis** › S. 88 einen Besuch lohnen. Der Tag klingt im Kinopalast **Tuschinski Theater** › S. 104 aus oder mit einem Kneipenbummel rund um den großen **Rembrandtplein** › S. 104 aus.

3. Tag Da es morgens im **Begijnhof** › S. 84 angenehm ruhig ist, sollte dieses Idyll am Vormittag besucht werden. Nach einem Rundgang

Rembrandts »Isaak und Rebekka (Die Judenbraut)« hängt im Rijksmuseum

durch das **Amsterdam Museum** › S. 83 erreicht man über die Kalverstraat den **Dam** › S. 81 und den Rotlichtbezirk **Walletjes** › S. 78, wo sich gegen Mittag die ersten Prostituierten in ihren Schaufenstern rund um die **Oude Kerk** › S. 79 räkeln. Dem Oudezijds Voorburgwal nach Norden folgend, passiert man das **Museum Ons' Lieve Heer op Solder** › S. 80 mit seiner »Schlupfkirche« auf dem Speicher. Folgt man der viel befahrenen Prins Hendrikkade nach Osten, schiebt sich bald die fantasievolle Backsteinfassade des **Scheepvaarthuis** › S. 74 – heute das Grand Hotel Amrâth – ins Blickfeld. Spätestens jetzt sollten Sie sich Karten für ein Konzert im gläsernen Klotz des **Muziekgebouw** › S. 49 oder für eine Vorstellung in einem der vielen Theater gönnen, denn das musikalische und dramatische Angebot ist in Amsterdam außerordentlich reich und angenehm avantgardistisch.

4. Tag Zwei weitere Highlights versüßen den Tag des Abschieds: Im Museumshafen ist der Nachbau des **Ostindienseglers »Amsterdam«** › S. 75 zu sehen. Von der glanzvollen Vergangenheit zur spektakulären Zukunft der Stadt geht es dann mitten hinein in das hypermoderne Siedlungsgebiet IJburg, in das Archipel der künstlichen Inseln Java-Eiland, Sporenburg, Borneo und KNSM-Eiland im **Östlichen Hafengebiet** › S. 131, das man am besten im Rahmen einer geführten Tour erkundet › S. 133.

Wer danach keine Pause braucht und z. B. bei einem Spaziergang durch den altehrwürdigen **Hortus Botanicus** › S. 126 entspannt, ist ein wahrhaft belastungsfähiger Städtereisender.

Das jüdische Amsterdam

Verlauf: Joods Historisch Museum › **Dokwerker** › **Portugese Synagoge** › **Waterlooplein** › **Jodenbreestraat** › **Rembrandthuis** › **Anne-Frank-Huis**

Dauer und Distanz: ca. 3,5 Std (ohne Museumsbesuche); 3 km
Verkehrsmittel:
Startpunkt ist die Ⓜ **Waterlooplein**; mit der Straßenbahn 14 (Richtung Sloter-meer) fährt man am Grachtengürtel entlang bis zur Haltestelle Westermarkt in der Nähe des Anne-Frank-Huis.

Seit dem 17. Jh., als die ersten Händler und Handwerker vor den Grauen der Inquisition in die liberale Handelsmetropole Amsterdam flohen, hat sich »Mokum«, das Alte Jüdische Viertel, als Stadt in der Stadt schnell entwickelt. Einen beeindruckenden und umfassenden Überblick über die Traditionen und Geschichte der unterschiedlichen Bevölkerungsgruppen, ihren Glauben sowie ihre Verfolgung durch Nazi-Deutschland und seine niederländischen Kollaborateure erhält man im **Joods Historisch Museum** › S. 86. Nur wenige Schritte weiter steht die Statue der **Dokwerker** › S. 87, ein Denkmal, das an den Protest der Hafenarbeiter im Februar 1941 gegen die Deportation der Juden erinnert.

Die nahe **Portugese Synagoge** › S. 87 ist eines der religiösen Zentren der Stadt und zudem die größte Synagoge der Welt. Große Teile des jüdischen Viertels fielen nach dem Zweiten Weltkrieg den ehrgeizigen Baumaßnahmen der Stadtväter zum Opfer, zum Beispiel dem Stadhuis mit dem Muziektheater am **Waterlooplein** › S. 86. Vorbei an der **Mozes en Aäronkerk** › S. 88 spaziert man durch die Jodenbreestraat, in der heute nur noch wenige alte Gebäude erhalten sind, zum Haus Nr. 4–6, dem **Rembrandthuis** › S. 88, in dem sich ein Museum dem Leben und Werk des Malers widmet.

Im Joods Historisch Museum

Für die letzte Station dieses Spaziergangs durch die jüdische Stadtgeschichte muss man einmal quer durch die Innenstadt Richtung Westerkerk bis zur Prinsengracht 263 gehen. Dort erinnert das **Anne-Frank-Huis** › S. 94 an das Schicksal der jüdischen Kaufmannsfamilie aus Frankfurt am Main, die sich ab 6. Juli 1942 in einem Hinterhaus vor den NS-Schergen versteckt hielt, bis sie am 4. August 1944 verraten wurde. Von wem, ist bis heute ungeklärt.

Infos von A–Z

Ärztliche Versorgung

Zwischen den Niederlanden und Deutschland sowie Österreich gibt es Abkommen über die gegenseitige Anerkennung der gesetzlichen Krankenversicherung. Privat Versicherte und Schweizer sollten vor der Reise ihren Versicherungsschutz prüfen. Ratsam ist der Abschluss einer Auslandskrankenversicherung, die auch den Rücktransport einschließt, sobald er sinnvoll und medizinisch vertretbar ist.

- **Landesweiter Notruf:** (Polizei, Feuerwehr, Ambulanz): Tel. 112
- **Wasserschutzpolizei:** Tel. 09 00/88 44

Barrierefreies Reisen

Alle großen Museen sowie die meisten öffentlichen Einrichtungen verfügen über Rampen für Rollstuhlfahrer, Aufzüge und ähnliche Hilfen. Hotels mit entsprechenden Einrichtungen sind in den Prospekten des Tourist & Convention Office gekennzeichnet. Jedoch sind nicht alle Straßenbahnen und Stadtbusse für Rollstuhlfahrer geeignet. Auskünfte hinsichtlich geeigneter Restaurants oder bequemer Boote etc. erteilt das Amsterdam Tourist Office. Das Portal www.iamsterdam.com/de informiert unter dem Menüpunkt »Für Sie« und dann unter »Informationen für Behinderte« detailliert über den barrierefreien Zugang zu Restaurants und Cafés, Theatern, Kinos, Museen, Galerien und anderen Sehenswürdigkeiten sowie deren Erreichbarkeit.

Diplomatische Vertretungen

- **Deutsches Generalkonsulat:** Honthorststraat 36/38, 1071 DG Amsterdam, Tel. 020/574 77 00, www.den-haag.diplo.de
- **Österreichisches Honorargeneralkonsulat:** Honorargeneralkonsul Dr. Peter Jakob Fresacher, Prins Hendriklaan 19, 1075 AZ Amsterdam, Tel. 020/471 24 38, pjf@dfls.nl
- **Schweizerisches Konsulat:** De Lairessestraat 97, 1071 NX Amsterdam, Tel. 020/717 34 16, amsterdam@honrep.ch

Einreise

Schweizer benötigen zur Einreise die Identitätskarte oder den Reisepass; EU-Bürger sollten sich jederzeit ausweisen können. Haustiere dürfen nur mit EU-Heimtierpass und Mikrochip einreisen.

Feiertage

Neujahr, Karfreitag, Ostersonntag und Ostermontag, Koningsdag (27. April), Befreiungstag (5. Mai), Christi Himmelfahrt, Pfingstsonntag, Pfingstmontag, Weihnachten.

Geld & Währung

In den Niederlanden zahlt man mit Euro. Kreditkarten werden fast überall akzeptiert. Die meisten Banken verfügen über Geldautomaten.

1- und 2-Cent-Münzen erhält man nicht, an den Supermarktkassen wird auf 5 Cent auf- oder abgerundet.

Urlaubskasse	
Tasse Kaffee	2,50 €
Softdrink	2,40 €
Glas Bier 0,2 l	2,20 €
Stokbroodje (Sandwich)	2,50 €
Kugel Eis	1,50 €
Taxifahrt (ca. 5 km)	16 €
Mietwagen/Tag	ab 40 €

Information

- **Deutschland, Österreich, Schweiz:** Niederländisches Büro für Tourismus (NBT), Postfach 27 05 80, D-50511 Köln, Tel. +49 (0)221/92 57 17 13, www.holland.com.
- **Amsterdam Tourism & Convention Board (ATCB):** Der ATCB (Mitglied des Fremdenverkehrsvereins VVV) hilft gegen eine geringe Gebühr bei der Hotelsuche und beim Ticketkauf für die öffentlichen Verkehrsmittel (Mo–Fr 9–17 Uhr, Tel. +31/(0)20/ 551 25 70, vom Ausland +31/(0)20/ 702 60 00, www.holland.com).
- **VVV Stationsplein (KCS),** Stationsplein 10, Mo–Sa 9–17, So bis 16 Uhr, Tel. +31/(0)20/702 60 00.
- **VVV Airport Schiphol,** Ankunftshalle 2, tgl. 7–22 Uhr, Tel. +31/(0)20/ 702 60 00.
- **Amsterdam Tourist Office,** Postbus 3901, 1001 AS Amsterdam, info@atcb.nl.
- **Amsterdam Tourist Assistance Service (ATAS),** Nieuwezijds Voorburgwal 104–108, 1012 SG Amsterdam, tgl. 8–20 Uhr, Tel. +31/(0)20/ 625 32 46, www.iamsterdam.com, www.holland.com.

Öffnungszeiten

Geschäfte: Supermärkte, Kaufhäuser und Geschäfte haben in der Regel von 9–18/19 Uhr geöffnet, Do bis 21 Uhr, Sa bis 17 Uhr und in der Innenstadt auch So von 12–17 Uhr. Montagvormittag sind viele Geschäfte geschlossen.

Lokale: Restaurants schließen um ca. 23 Uhr, Kneipen und Gasthäuser um etwa 1 Uhr, Nachtlokale um 4 Uhr.

Museen: Einige sind montags geschlossen. Von Juni–Aug. gelten teilweise längere Öffnungszeiten.

Post: Hauptpost, Singel 250–252, Mo bis Fr 8–18.30, Sa 9–17 Uhr. Postämter erkennt man am Kürzel PTT.

Parken

Neben Hotelparkplätzen gibt es bewachte Parkplätze nahe dem Rijksmuseum am Singel sowie Großparkhäuser beim Kaufhaus Bijenkorf am Damrak, am Leidseplein (Byzantinum), am Waterlooplein und in der Marnixstraat 250.

Den günstigsten Tagespreis der 11 City-Parkhäuser hat das **P1 Parking Amsterdam Centre** in der Prins Hendrikkade 20a: pro Tag werden 20 € kassiert (mit Reservierung unter www. 20voor020.nl, ohne Reservierung zahlt man 5 € mehr). Verhältnismäßig günstig ist das **Parkhaus am Heinekenplein** in der Eerste van der Helststraat 6: Dort werden pro Tag 42 € und pro 30 Minuten 2,30 € verlangt (Tel. 020/470 08 88). Beide sind rund um die Uhr geöffnet.

Am Stadtrand können Autos auf **P+R-Plätzen** abgestellt werden. Die Gebühren dort betragen 8 € für die ersten 24 Std., danach 1 € für weitere 24 Std. (am Wochenende und bei Anreise nach 10 Uhr günstiger); maximale Parkzeit sind 96 Std. Von den günstigen Tarifen profitiert man aber nur, wenn man für die Fahrten in die City und zurück den öffentlichen Nahverkehr nutzt (Ticket vorlegen!). Gut ist die Metro-Anbindung vom Transferium an der Ajax Arena. Einen Plan mit den P+R-Orten gibt es unter www.iamsterdam.com.

Ist der Wagen mit einer Radkralle blockiert, muss man ihn bei der **Stadstoezicht** auslösen (Tel. 020/251 37 87, tgl. 9–21 Uhr; Gebühr mind. 302 €, dazu kommen die angefallenen Parkgebühren). Wurde der falsch geparkte Wagen abgeschleppt, belaufen sich die Kosten fürs Auslösen in den ersten 24 Std. auf 373 €, danach werden pro Tag weitere 30 € berechnet. Das Depot für abgeschleppte Fahrzeuge befindet sich in der Daniël Goedkoopstraat 9 im Südwesten der Stadt (Ⓜ Sparklerweg) und ist tgl. von 7–23 Uhr geöffnet.

Taxi

Im ganzen Innenstadtbereich sowie vor den Hotels gibt es Taxistände.

- **Taxizentrale:** Tel. 020/777 77 77
- **Wassertaxi:** Tel. 020/535 63 63

Telefon/Handy/Internet

Die Apparate in den auffälligen grünen Zellen wurden inzwischen fast vollständig abgebaut. Auch Telecards haben mittlerweile Sammlerwert.

Zahlreiche Internet-Cafés in der ganzen Stadt bieten Gelegenheit zu surfen, scannen, drucken etc., z. B. Easy Internet Cafe, Damrak 33, tgl. 9–22 Uhr, www.easyinternetcafe.com.

Auch in den Niederlanden haben die Telefonnummern eine Stadt- oder Gebietsvorwahl (Amsterdam: 020). Wenn man aus dem Ausland anruft, entfällt die erste Null der Vorwahl. Die 0900-Nummern sind nur in den Niederlanden wählbar, ein Anruf kostet 40 Cent/Min.

- **Inlandsauskunft:** Tel. 0900/80 08
- **Auslandsauskunft:** Tel. 0900/84 18
- **Vorwahlen:** Deutschland 00 49, Österreich 00 43, Schweiz 00 41, Niederlande 00 31.
- **Internetzugang** per Gratis-Wi-Fi ist in den meisten Hotels und in vielen Cafés inzwischen selbstverständlich.

Toiletten

Öffentliche Toiletten findet man in Kaufhäusern, Museen und in der Openbare Bibliothek an der Oosterkade.

Zoll

EU-Bürger dürfen folgende Höchstmengen ein- bzw. ausführen: 1 kg Tabak, 800 Zigaretten, 400 Zigarillos, 200 Zigarren, 90 l Wein, 10 l Spirituosen. Die zollfreien Höchstmengen für Schweizer liegen bei 250 g Tabak oder 200 Zigaretten oder 50 Zigarren, 1 l Alkoholika über 15 % Vol. und 2 l unter 15 % Vol., 50 g Parfüm; Souvenirs bis zu maximal 300 CHF.

GUT ZU WISSEN

- **Rauchverbot:** Seit dem 1. Juli 2008 ist das Rauchen in Restaurants, Cafés, Diskotheken u. ä. verboten (Gastronomen dürfen separate Raucherbereiche ausweisen). Auch Hotelzimmer werden zunehmend rauchfrei.
- **Sicherheit:** In Amsterdam muss man sich vor Taschen- und Trickdieben und anderen Kriminellen hüten. Zwar ist die Polizei an den neuralgischen Punkten Dam, Leidseplein und Vondelpark sehr präsent, doch kommt es gelegentlich zu Überfällen. Man sollte Wertsachen nicht im Auto liegen lassen, das Leihfahrrad gut absperren, die Geldbörse sicher bei sich tragen, Gedränge meiden und nachts nicht allein durch dunkle Gassen gehen.
- **Zimmer:** Es empfiehlt sich sehr, rechtzeitig ein Zimmer zu buchen. Auf www.iamsterdam.com/de findet man Links zu Sonderangeboten, und auch www.expedia.de oder www.booking.com bieten manches Schnäppchen.
- **I amsterdam city card:** Freien oder reduzierten Eintritt in Museen, kostenlose Benutzung der öffentlichen Verkehrsmittel und Preisvorteile in diversen Restaurants bietet die »I amsterdam city card«, die bei den Touristenbüros am Hauptbahnhof (Centraal Station) und am Leidseplein erhältlich ist (auch online unter www.iamsterdam.com/de). Für 24 Std. kostet sie 55 €, 48 Std. 65 €, 72 Std. 75 € und für 96 Std. 85 €.

Register

A alsmeer 138
A.H.O.I 134
Ajax Amsterdam 34
• ArenA 34
• Ajax Museum 34
Albert, Bruno 134
Albert-Cuyp-Markt 122
Allard Pierson
  Museum 85
Altes Jüdisches Viertel 86
Amsterdam Museum 83
Amsterdamer Schule **64,**
  74, 80, 81, 112
Amsterdamse Bos 12, **31**
Amsterdams Uit Buro
  (AUB) 48
Amsterdam Theater 66
Amsterdam Tourism &
  Convention Board
  (ATCB) 35
Amsterdam Tulip
  Museum 93
Anne Frank 59, 66, **94**
Anne-Frank-Huis 23, 93,
  94
Aquarium 127
ARCAM **78,** 96
Archipel 26, 132, **133,**
  136
ArenA Amsterdam 34
Artis 26, 33, 123, **127**

B arcelonahuis 134
Bartolottihuis 95
Begijnhof 23, 63, 73, **84**
Berlage, Hendrik P. 80, 81
Beurs van Berlage 23, **80**
Bijbels Museum 96
Bijenkorff 81
BIMhuis **49,** 102
Blauw Brug **100,** 104
Blauwe Theehuis, 't 116
Bloemendaal 144
Bloemenmarkt **85,** 109

Bloemgracht 109
Bonaparte, Louis 98, **118**
Borneo-Eiland 135
Broek in Waterland 141
Broekman, Barbara 84
Brouwerij 't IJ 130
Brouwersgracht 95, 106,
  107
Bruine Café 89

C anal Bike 13, 30
Canal Bus 30
Canal Parade 27, **103**
Centraal Station 14, 22,
  73, **74**
CoBrA-Museum 121
Coenen, Jo 57, 74, 134
Cohen, Job 90
Concertgebouw 25, 49,
  115, **121**
Concertgebouworkest 65,
  121
Cuypers, Petrus J. H. 64,
  118

D am 23, 73, **81**
Dappermarkt 15, **130**
De Bijlmerweide 33
De Gooyer-Mühle 130
de Keyser, Hendrik 63,
  94, 107
de Klerk, Michel 80, 112
De Pijp 25, 114, **121**
Design 67
De Stijl 62, 81
De Uitkijk 51
De Wallen 23, 73, **78**
Diamant Museum 15,
  117
Dokwerker-Denkmal 87
Drogenpolitik 58

E dam 141
Entrepotdok 128, **130**

Ets-Haim-Bibliothek 88
EYE 51, **75**

F ietsgarage 36
Fiets-Verleih 36
Filminstitut und
  Filmmuseum 51, **75**
Flevopark 123
Flughafen Schiphol **28,**
  55, 57
FOAM 23, **99**
Fo Guang Shan He
  Hua-Tempel 78
Fortuyn, Pim 57
Frank, Anne siehe Anne
  Frank
Frank, Otto 94
Friday Night Skate 31

G astro-Brevier 41
Gay Pride Amsterdam **69,**
  103
Giebelsteine 109
Goldener Bogen
  (Gouden Bocht) 64, 92,
  95, **98**
Gosschalk, Isaac 112
Grachtengürtel , 23, 56,
  25, **91,** 94, 95
Grachtenrundfahrt 30, **98**
Gustafson, Kathryn 112

H aarlem 142
• De Hallen 142
• De Vishal 142
• Frans-Hals-Muse-
  um 143
• St. Bavo-Kerk 142
• Teylers Museum 143
Hals, Frans 114, 142, 143
Hashmuseum 80
Hausboot 12, **35**
Hausbootmuseum 96
Hazes, André 66

Heineken (Brauerei) 114,
123
Herengracht 23, **92**, 95
Hermitage Amster-
dam 23, **101**
Het Schip 15, 25, **112**
Hirsi Ali, Ayaan 60
Hofjes 24, **108**
- Bossche Hofje 108
- Claes Claesz Anslohof-
je 109
- Karthuizerhofje 109
- Raepenhofje 108
- Sint Andrieshofje 109
- Suykerhoff Hofje 108
- Zons Hofje 107
Holland-Festival 66, **69**
Hollandse Manege 116
Homo-Monument 96
Hooft, Pieter
Cornelisz. 66
Hortus Botanicus 26, **126**
Huszár, Vilmos 62

IJmuiden 144
IJsselmeer 139
IJ-Tower 133

Java-Eiland 133
Jeugdtheater De
Krakeling 33
Joods Historisch
Museum 73, **86**
Jordaan 24, 56, **107**
Jüdisches Viertel,
Altes 86

Kalverstraat 44
Keizersgracht 23, **92**,
95, 96
Keukenhof 138
Kindermuseum 32, **129**
KNSM-Eiland 26, **132**
Koepelkerk 93
Kollhoff, Hans 134
Koningsdag 27, **68**,
103

Koninklijk Paleis 23, 73,
81, **82**, 93, 118
Krakers 57
Kramer, Pieter L. 62, 80,
101, 115
Kunststad 15
Kurokawa, Kisho 114,
119

Leidseplein 24, **97**,
102
Lindengracht **109**, 111
Literatur 66
Lloyd Hotel 67, 132, **136**
Loods 6 **134**, 135
Lunchkonzert 115, 121

Madame Tussauds 33,
81
Magere Brug 100
Magna Plaza 82
Maximilian I. von Öster-
reich 94
Meander 111
Mee in Mokum **30**, 109
Mondriaan, Piet 62, **120**
Monnickendam 141
Montelbaanstoren 63,
78
Mozes en Aäronkerk 88
Mulisch, Harry 142
Multatuli 108
Munttoren 85
Museum Ons' Lieve Heer
op Solder 80
Museumplein 34, **118**
Museumshafen 75
Museumswerf
't Kromhout 130
Museum Van Loon 99
Museum Waterland 140
Museum Willet-Holthuy-
sen **100**
Muziekgebouw aan 't
IJ **49**, 102, 133
Muziektheater 49, 66,
86

Nationaal
Monument 23
Nederlands Philharmo-
nisch Orkest 65
Negen Straatjes 44, 46,
96
NEMO 12, 32, 73, **74**
Nesciobrug 101
Niederländische Fremden-
verkehrszentrale 35
Nieuwe Kerk 23, 81
Nieuwmarkt 90
Noorderkerk 63, **107**
Noord/Zuidlijn 60
Nordseeküste 143

Oostelijk Haven-
gebied 131
Oosterpark 129
Openbare Bibliotheek
Amsterdam (OBA) **74**
Openluchttheater 103
Oranje-Nassau-
Kaserne **129**, 136
Ostindiensegler
»Amsterdam« 75
Oude Kerk 23, 63, **79**
Oud, J.P. 81

Passenger Terminal
Amsterdam (PTA) 133
Pieter Corneliszoon
Hooftstraat 14, 44, **117**
Piräusbau **134**, 136
Plantage Midden-
laan 125
Portugese Synagoge 87
Prinsengracht 23, **92**,
106
Prinz von Amsberg,
Claus 57
Prostitution Information
Center 12
PTA (Passenger Terminal
Amsterdam) 133
Purmerend 140
Pythonbrug 12, **135**

Querido, Emanuel 67
Querido-Verlag 66

Rapp, Christian 134
Reguliersgracht **99**, 101
Rembrandt, Harmenszoon
van Rijn 56, 59, 61, 62,
79, **88**, 90, 93, 94, 114,
118
Rembrandthuis 88
Rembrandtplein 102, **104**
Rietveld, Gerrit 62, 119
Rijksmuseum 25, 61, 114,
118
Rokin 22, **73**, 79, 85, 86
Rotlichtviertel 12, 23,
55, **79**
Rozengracht 107

Sarpathipark 123
Sauna Deco 13, **31**
Scheepvaarthuis 74
Scheepvaartmuseum 12,
75
Schreierstoren 63, **78**, 130
Schuttersgalerij 84
Silodam 112
Simons, Johan 65
Singel 25, **85**, 95, 111
Sint Antoniespoort 63
Sinterklaas 69, **82**
Snowplanet 34
Spiegelkwartier 98
Spinoza 66, **88**
Sporenburg 26, **135**
Spui 85
Stadsschouwburg **49**, 66,
97
Stalpaert, Daniël 92
Stedelijk Museum 15, 25,
114, **120**
Stopera 86, 122
Strand Amsterdam
Roest 31
Strand Blijburg 31

Tag des offenen
Denkmals 69
Tassenmuseum
Hendrikje 99
TF-Theaterfestival
Amsterdam 66, **69**
Theaterinstitut 123
Theaterszene 65
The Whale 26, **135**,
136
Transferium 28
Tropenmuseum 26, 32,
129
Tulpenmuseum 93
Tuschinski Theater 51,
104

Uitburo 97
Uitkrant **48**, 102

Van Baerlestraat 121
van Campen, Jacob 63,
78, 94
van den Vondel, Joost 66,
82, 115
van der Mey, J.M. 74,
80
van Doesburg, Theo 62
van Dongen, Frits 135
van Gendt, Adolf
Leonhard 121
Van-Gogh-Museum 25,
114, **119**
van Gogh, Theo 57, 119
van Gogh, Vincent 15, 38,
62
van Oranje-Nassau,
Beatrix 57
van Oranje-Nassau,
Juliana 57, 81
van Oranje-Nassau,
Willem-Alexander 24,
55, 57, 81
van Uylenburgh,
Saskia 79, 88

Vereenigde Oostindische
Compagnie (VOC) **56**,
75, 106, 125
Vermeer, Jan 114, 118
Verzetsmuseum 130
Vingboons, Philip 63
Volendam 141
Vondelkerk 116
Vondelpark 24, 25, 56,
114, **115**
• Openluchttheater 115
• Vondelpark-
paviljoen 115

Waag 63, **90**
Walletjes 23, 55, **78**
Waterland 139
Waterlooplein 86
Westergasfabriek 50,
111, 102
Westerkerk 63, **94**, 107
Westerpark 50, 24,
111
Westertoren **94**, 106
Whale, The 26, **135**,
136
Widerstandsmuseum 130
Wijk aan Zee 144
Wilhelmina Dok 15
Woonbootmuseum 33,
96
Woutertje
Pieterse 108

Zaandam 139
• Zaanse Schans
Museum 139
Zaanstad 139
Zandvoort 144
Zeedijk 78
Zoologisches
Museum 127
Zorreguieta, Maxima 57,
82
Zuiderkerk 63, **90**

Bildnachweis

Coverfoto Prinsengracht © Jahreszeitenverlag/Marion Beckhäuser

Fotos Umschlagrückseite © Pixelio/SuRom (links); Jahreszeitenverlag/Gerald Haenel (Mitte); Miquel Gonzalez (rechts)

Fotolia/Jean-Jacques Cordier: U2-4; Fotolia/Nataray: 72; Miquel Gonzalez: 8-2, 14, 83, 105, 108; Gabriele Hoffmann: 25; Huber Images/Andrea Armellin: 52/53; Huber Images/Gräfenhain: 137; Huber Images/Sabine Lubenow: 119; Huber Images/Maurizio Rellini: 6/7, 20/21; Huber Images/S. Scattolin: 92; Jahreszeitenverlag/ Marion Beckhäuser: 99, 122; Gerold Jung: 29, 140; Marlis Kappelhoff: 44, 62, 64, 69, 73, 86, 87, 90, 100, 104; Susanne Kilimann: 8-1, 9-1, 9-2, 10; laif/Miquel Gonzalez: 39, 113, 131, 136, 149; laif/hemis: 147; laif/ Hollandse Hoogte: 32, 106, 125; laif/Andreas Hub: 89, 132; laif/Jörg Modrow: 22; laif/Reporters: 51, 59; laif/ Bertold Steinhilber: 40; laif/TCS: 25; Sabine von Loeffelholz: U2-2, 13; LOOK-foto/Sabine Lubenow: 36, 101; LOOK-foto/SagaPhoto: 81; LOOK-foto/Terravista: U2-1; mauritius-images/Photononstop: 95; Christine Rettenmeier: 96; shutterstock/De Jongh Photography: 103; shutterstock/jan kranendonk: 91; shutterstock/nexus 7: 49; shutterstock/Mario Savoia: 55; shutterstock/TonyV3112: 70/71; shutterstock/Maria Uspenskaya: 17; shutterstock/Jarno Gonzalez Zarraonandia: 145; Klaus Thiele: 47, 63, 75; Wikipedia (gemeinfrei): U2-3, 61, 114, 127; Ernst Wrba: 16, 31, 34, 42, 68, 78, 85, 97, 102, 120, 124, 150.

Liebe Leserin, lieber Leser,
wir freuen uns, dass Sie sich für diesen POLYGLOTT on tour entschieden haben.
Unsere Autorinnen und Autoren sind für Sie unterwegs und recherchieren sehr gründlich, damit Sie mit aktuellen und zuverlässigen Informationen auf Reisen gehen können.
Dennoch lassen sich Fehler nie ganz ausschließen. Wir bitten Sie um Verständnis, dass der Verlag dafür keine Haftung übernehmen kann.

Ihre Meinung ist uns wichtig. Bitte schreiben Sie uns:
GRÄFE UND UNZER VERLAG
Postfach 86 03 66, 81630 München, Tel. 0 89/419 819 41
www.polyglott.de

LESERSERVICE
polyglott@graefe-und-unzer.de
Tel. 0 800/72 37 33 33 (gebührenfrei in D, A, CH), Mo–Do 9–17 Uhr, Fr 9–16 Uhr

2. unveränderte Auflage 2018

© 2018 GRÄFE UND UNZER VERLAG GmbH, München
Dieses Buch wurde auf chlorfrei gebleichtem Papier gedruckt.
ISBN 978-3-8464-2001-0

Bei Interesse an maßgeschneiderten POLYGLOTT-Produkten:
Verónica Reisenegger
veronica.reisenegger@graefe-und-unzer.de

Bei Interesse an Anzeigen:
KV Kommunalverlag GmbH & Co KG
Tel. 089/928 09 60
info@kommunal-verlag.de

Redaktionsleitung: Grit Müller
Verlagsredaktion: Anne-Katrin Scheiter
Autorinnen: Susanne Kilimann, Christine Rettenmeier
Redaktion: Karen Dengler, Werkstatt München
Bildredaktion: Ulrich Reißer und Anne-Katrin Scheiter
Mini-Dolmetscher: Langenscheidt
Layoutkonzept/Titeldesign: fpm factor product münchen
Karten und Pläne: Sybille Rachfall und Kunth Verlag GmbH & Co. KG
Satz: uteweber-grafikdesign
Herstellung: Anna Bäumner
Druck und Bindung: Printer Trento, Italien

PEFC/18-31-506

GRÄFE UND UNZER

Ein Unternehmen der
GANSKE VERLAGSGRUPPE

Mini-Dolmetscher Niederländisch

Allgemeines

Guten Morgen.	Goedenmorgen. [chujəmorchə]
Guten Tag. (nachmittags)	Goedendag. [chujədach]
Hallo!	Hallo! [haloh]
Wie geht's?	Hoe gaat het? [hu‿chah‿tət]
Danke, gut.	Goed, dank u wel. [chutt, dang‿kü well]
Ich heiße ...	Ik heet ... [ig‿heht]
Auf Wiedersehen.	Tot ziens. [tottßinß]
heute	vandaag [fandach]
morgen	morgen [morchə]
gestern	gisteren [chißtərə]
vormittags	's morgens [ßmorchəß]
nachmittags	's middags [ßmiddachß]
Abend	avond [ahwənd]
Nacht	nacht [nacht]
Sprechen Sie Deutsch / Englisch?	Spreekt u Duits / Engels? [ßprehk‿tü döitß / engəlß]
Wie bitte?	Wat zegt u? [watt sechtü?]
Ich verstehe nicht.	Ik begrijp het niet. [ig bəchräip‿ət nit]
Sagen Sie es bitte noch mal.	Wilt u het alstublieft herhalen? [willtü‿ət aßtüblift härhahlə]
..., bitte	... alstublieft [aßtüblift]
Danke	Bedankt. [bədankt]
Keine Ursache.	Graag gedaan. [chrah‿chədahn]
was / wer / welcher	wat / wie / welke [watt / wih / wällkə]
wo / wohin	waar / waar naartoe [wahr / wahr nahrtu]
wie / wie viel	hoe / hoeveel [hu / huwehl]
wann / wie lange	wanneer / hoe lang [wannehr / hulang]
Wie heißt das?	Hoe heet dat? [hu het datt]
Wo ist ...?	Waar is ...? [wahr‿iß]
Können Sie mir helfen?	Kunt u mij alstublieft helpen? [künntü mäi aßtüblift hällpə]
ja	ja [jah]
nein	nee [neh]
Entschuldigen Sie.	Neemt u mij niet kwalijk. [nehmtü‿mäi nit kwahlək]
Das macht nichts.	Geeft niet. [chehft nit]
Wie komme ich zur Touristeninformation?	Hoe kom ik naar de V.V.V.? [hu kommig nahrdə weh-wehweh?]

Shopping

Wo gibt es ...?	Waar kan ik ... krijgen? [wahr kannig ... kräichə]
Wie viel kostet das?	Hoeveel kost dat? [huwehl koßtat]
Haben Sie etwas Billigeres?	Hebt u iets goedkopers? [hepptü‿itß chuttkohpərß]
Geben Sie mir 100 g Käse / zwei Kilo Pfirsiche.	Geeft u mij een ons kaas / twee kilo perziken. [chehftü mäi ən onß kahß / tweh kiloh pärsikə]
Haben Sie deutsche Zeitungen?	Heeft u Duitse kranten? [hehftü döitßə kranntə]
Wo kann ich telefonieren / eine Telefonkarte kaufen?	Waar kan ik telefoneren / een telefoonkaart kopen? [wahr kannig telefohnehrə / ən telefohnkahrt kohpə]

Essen und Trinken

Die Speisekarte, bitte.	De menukaart, alstublieft. [də mənükahrt aßtüblift]
Brot	brood [broht]
Kaffee	koffie [koffi]
Tee	thee [teh]
mit Milch / Zucker	met melk / suiker [mett melk / ßöikər]
Orangensaft	sinaasappelsap [ßinahßappəlßapp], jus d'orange [schü dorosch]
Können Sie mir bitte noch ... bringen?	Kunt u mij alstublieft nog ... brengen? [künntü mäi aßtüblift noch ... brängə]
Suppe	soep [ßup]
Fisch / Meeresfrüchte	vis / schaaldieren [wiß / ßchahldihrə]
Fleisch / Geflügel	vlees / gevogelte [wlehß / chəwohchəltə]
vegetarische Gerichte	vegetarische gerechten [wechetahrißə chərächtə]
Eier	eieren [äiərə]
Salat	salade [ßalahdə]
Dessert	dessert [däßßährt]
Obst	fruit [fröit]
Eis	ijs [äiß]
Wein	wijn [wäin]
weiß / rot / rosé	wit / rood / rosé [witt / rohd / roßeh]
Bier	bier [bihr]
Mineralwasser	mineraalwater [mineralwahtər]
mit / ohne Kohlensäure	spa rood / blauw [ßpah rohd / blau]
Ich möchte bezahlen.	De rekening, alstublieft. [də rehkəning aßtüblift]

Meine Entdeckungen

....

....

....

....

....

....

....

....

....

....

....

....

....

....

....

....

....

....

Clevere Kombination mit POLYGLOTT Stickern
Einfach Ihre eigenen Entdeckungen mit Stickern von 1–16 in der Karte markieren
und hier eintragen. Teilen Sie Ihre Entdeckungen auf facebook.com/polyglott1.

Checkliste Amsterdam

Nur da gewesen oder schon entdeckt?

☐ **Amsterdam bei Nacht**
Nachts präsentiert sich die Stadt von ihrer romantischsten Seite. Fast irreal schön erscheint die von über 1000 Glühlampen beleuchtete Magere Brug. › S. 101

☐ **A Celebration of Diversity**
Mit einem farbenfrohen Teppich feiert die Künstlerin Barbara Broekman das multikulturelle Amsterdam. › S. 84

☐ **Kaffeekultur im Belle-Époque-Stil**
Die Niederländer trinken durchschnittlich 3,5 Tassen Kaffee pro Tag. Das Grand Café 1e Klas in der Centraal Station bietet einen tollen Rahmen für die genussvolle Kaffeepause. › S. 14

☐ **Chillen in der Stadt**
Die gigantische Dachterrasse des NEMO lädt zum Chillen ein, dazu gibt's einen tollen Blick und die Seeluft vom IJhaven. › S. 12

☐ **Küchen der Welt**
Zu einer kulinarischen Weltreise laden Amsterdams Restaurants ein, und Indonesien sollte man auf keinen Fall versäumen. › S. 14

☐ **In Kunst schwelgen**
Dutzende Galerien machen Amsterdam zu einem kreativen Hotspot. Aufregend Neues ist in der Kunststadt zu sehen. › S. 15

☐ **Kulturbotschafter im Hotel**
Das einzigartige Konzept des Lloyd Hotel bringt Weltenbummler und Designfans aus aller Herren Ländern zusammen. › S. 13

Mitbringsel für Daheim

Rembrandt-Tulpen: Blumenzwiebeln vom Ten Katemarkt › S. 16

Diamanten: Der Schlüsselanhänger von Gassan glitzert erschwinglich schön › S. 46